皆藤 章

致知出版社

それでも
生きてゆく
意味を求めて

こころの宇宙を旅する

それでも生きてゆく意味を求めて

こころの宇宙を旅する

皆藤 章

致知出版社

装幀　秦浩司

目次

出立

邂逅

第4章　こころの臨床の門前小僧

第10章 関係を生きる

プロローグ

「いまから母を殺しに行きます」

ややや上気した表情でわたしにそう告げて、バッグからナイフを取り出し、この女性は立ち上がった。向かいに座るわたしを見下ろし、「いいですね」、と。何もいえなかった。これまでなんどもなんども、くり返し、母親への憎しみを語ってやまなかったこの女性のこころの内を慮《おもんぱか》ると、応えることばがなかった。「やめなさい」などとはよもやいえなかった。そういうものなら、「先生はわたしの苦しみをわかっていない！」と、なじってくるだろう。その姿が目に浮かんだ。いや、正直にいえば、殺したいと思っても不思議はないだろう、そう感じる自分さえいた。しかしもちろん、それを認めるわけにはいかない。いったい、どうすれば良かったのだろう。

すでに成人を過ぎたこの女性は、まだ幼いころ、工事用の土砂が山と積まれた家の近くで遊んでいたとき、事故に遭って、生涯消えない傷を身体《からだ》に負うことになった。近所のひとと世間話に興じていた母親の目が離れた隙に起きた事故だった。母親の不注意だといって済まされる程度の傷ではなかった。深い反省と罪悪感を抱えた母親は、それから一心不乱にこの子を育ててきた。けれども長ずるにつれ、事故のせいで周りと比べて明らかに異なる自分の容姿はこの女性を苦しめた。母親への憎しみが募っていった。あれ以来ずっと、好奇の視線を浴び、身を竦《すく》めて、この女性は生きてきた。聴くたびに、塗炭《とたん》の苦しみだっただろうと思う。あんなことさえなかったら、自分の人生はいまとはちがっていた。そう何度も、わたしに語ったものだ。

身体の傷は、その事故をなかったことにはできないと語っていた。消すことのできない過去を背負って、この女性と母親は20年近い人生をともに生きてきた。その人生は、この女性にとって、ただ母親への憎しみを募らせるだけのものだったのだろうか。母親にとっては自分の娘に懺悔《ざんげ》をくり返すだけの人生だったのだろうか。

わたしはこの女性から、こころの臨床の場で、(1)もう何年も話を聴き続けてきた。そのたびに、その憎しみの深さとかなしみを知り、予定調和とはほど遠い人生の不思議を感じてきた。なにかできることはないか、そんなふうにもがいてみたこともあった。ゴールの見えない、ふたりしての旅の道往きは、どこに行き着くのか皆目《かいもく》わからない、はてのないものだった。もちろん、母親の話に終始したわけではない。大学で専攻する研究の話や趣味の水彩画の話、飼っている猫の話、そしてときに(夜に見る)夢の話など、幾種類もの話が旅の道すがらにあった。けれども、それらの話は畢竟《ひっきょう》、身体に負った傷のことへと向かっていくのだった。それほど、この女性の身体の傷は日常生活の到るところに顕現《けんげん》していた。

ナイフを手にしたこの女性に見下ろされながら、これまでの道往きが走馬灯のように浮かんでは消えていった。

いつしか、わたしの目から涙が溢《あふ》れてきた。その姿を見せまいと堪《こら》えるのだが、呻《うめ》き声とともに、涙は零《こぼ》れていった。そんな姿を、この女性はどんな思いで見ていたのだろう。きっとわずかな時間だったにちがいないのだが、途方もなく長く、苦しく感じる時間《とき》だった。

そのうち、ナイフをバッグにしまって椅子に腰掛けたこの女性は、静かにいった。

「もう二度としません」

嵐の海が凪《な》いだようだった。そんなことばが、いったいどこから生まれてきたのだろう。この女性になにが起こったのだろう。わたしにはわからなかった。おそらく、この女性もどうしてそんなことばを口にしたのか、わからなかったのではないだろうか。

こんなことがあってから、身体の傷へと収斂《しゅうれん》していった話は、その方位を変えていった。母を憎んでばかりいては自分の人生が台無しになるとか、いつまでも母を憎んでいたところでわたしの人生はどうなるわけでもないとか、そんなことばがときおり口をついて出るようになっていった。

それからしばらくして、母親の不注意で生涯消えない傷を負わされ、そんな母親に憎しみを抱き続けてきたこの女性に、こんな語りが生まれた。

「どうすれば母を許せるようになるのでしょうか」

そのことばは、この女性のこころのなかに、一心不乱にわが子を育ててきた母親が息をし始めた兆しのように思われた。この女性が自分の人生を引き受けていこうとし始めたときのことだった。

人生を引き受ける。いまにして思えばそれは、現在《いま》を生きるこの女性が、母親への憎しみを募らせて生きてきた過去の物語と、母親を許して生きていこうとするこれから先の未来を生きる物語をつないでいくことであるように感じるのである。

この女性に出会ったのはもう30年以上も前のことである。専門家として人間のこころのまさに不可思議な境地を歩き始めたころだった。「生老病死《しょうろうびょうし》」という仏教由来のことばがあるが、この最初の文字「生」は、生きるということであり、またこの世に生まれるということでもある。すなわち、この世に生を受け生きる、そのことが人間にとっての根源的な苦悩だと説く。生きる道往きには、病いの床に伏すときもあるだろう。齢《よわい》を重ねてやがて老いを迎えることだろう。そしていつしか死に逝《ゆ》くときがくる。人生にはこれら根源的な四つの苦悩（四苦）があるといわれている。このような、苦悩の渦中にあるひとの語りを聴くのがわたしの生業《なりわい》である。一般的にはカウンセラーと呼ばれているが、ここでは臨床家と呼んでおきたい。ただひたすらに語りを聴き、語り手とふたりしてその人生の物語が編まれる道往きをともにする。それは、この女性とのやりとりが教えるように、容易なことではない。まさに生命《いのち》がけといっても、けっしていいすぎではないだろう。

長い人生の道往きの途上、ひとは誰でも、できることならばなかったことにしたいというエピソードをいくつか抱えていく。けれどもそれらを普段つねに意識しているわけではない。なにかをきっかけにして、まるで導火線に火が着いたかのように、それらはやってくる。そして、こころに棘《とげ》が刺さるような、そんな痛みを身に味わう。じっと、その痛みが消えていくのを待つ。そのような経験は誰しもあるだろう。くり返しやってくる痛みのその程度も、長い時間の経過とともに和らいでいく。そしていつしか、あんなこともあったなあと、ふり返るときがくる。そうであるなら、ひとは耐えることができる。抱えて生きていくことができる。けれども、人生には、なにがあっても消えない、消せない痛みがある。そのような消せない痛みとともに、ひとはどのように生きていくのだろうか。

数年前、「犯罪史上まれにみる悪質さ」と裁判長が断罪した殺人事件の死刑判決がニュースに流れたことがあった。映像は、いまも痛みが消えない、娘を殺された家族のインタビューを映し出していた。まさに家族は、その事件以来、消えない痛みに苦しんでいる。ただ、それは他人《ひと》ごとではない。自分はそんな悲劇には見舞われないといい切れるだろうか。

それぞれの人生のなかで、そのときどきに出会う諸々《もろもろ》のことを、ひとは抱えて生きていかねばならない。長い人生のなかには、予期せぬこともやってくる。それが喜ばしいことなら、それを糧《かて》にさらに前を向いて生きていける。けれども、それが辛く苦しいことなら、そこで立ち止まり、先に踏み出す力を蓄《たくわ》えていかなければならない。そのようなときに、そのひとの傍《かたわ》らにいて、力が蓄えられていくときの歩みをともにする存在、それが臨床家である。それは、現在《いま》を生きるそのひとが、これまでの人生と現在《いま》とをつないで、そうしてこれから先の人生を生きていこうとする、そのような人生の物語の道往きをともにする存在でもある。

当時のわたしは、臨床家になるための訓練を始めて10年ほどが経ったころだった。まだ、語りに耳を澄ませて悩みや相談ごとを聴き、それを理解すること、そのことだけに一心不乱だった時代である。この時代、聴くことに迷いが生まれると、指導や助言をしてみたくなる。ただ、そうしても、「あなたになにがわかるの?」といった視線を返されることがほとんどである。ただ、できることはたったひとつ、語りを聴くことしかない。ただ、これがいちばんむずかしい。

訓練を積んでいくと、語りを聴く、そのことをとおして語り手の内に新たなことばが生まれることを知っていく。そのことばが語り手の人生の物語を紡いでいく一本の糸になることを知るようになる。そして、そのことの積み重ねによって語り手の人生航路が開けてくるときに立ち会う。だが、そのときがいつ来るのかは、誰も知らない。作為的にそのときを設定することなど、できるわけもない。ただ、そのときの気配を逃《のが》さないように待つこと、それまでもちこたえていくことを訓練されるのである。

この女性にもそのときはやってきた。だが、どうしてそのときが訪れたのかは、いまもってわからない。けれども、いまにして思うと、わたしが涙を流すことしかできなかったあのとき、この女性とわたしは同じこころの地平に在ったのではないだろうか。「もう二度としません」とのことばが生まれたあのとき、ふたりはひととしてのその根源にある「かなしみ」にふれていたのではないだろうか。この点については、あとで詳しく取りあげてみたい。

臨床家として、このような機会に幾度か出くわしてきた。そしていつしか、子どものころから不即不離に抱いてきたある茫漠《ぼうばく》とした思いがことばになっていった。それは、ひとがこの世に生を受けそれぞれの人生の物語を紡いでいくということ、人間とはいったいなんなのか、そうしたことへの深い関心であった。

ところで、行乞《ぎょうこつ》流転の旅を生きた種田山頭火《たねださんとうか》は、こんな句を残している。

生死《しょうじ》のなかの雪ふりしきる

「生死」とは大乗仏教における「生きることの苦悩」を意味する。すなわち、生きとし生けるものは苦悩を抱えて雪の降りしきる道を歩いていくのだ、そう山頭火は自身の体験を句にしたわけである。山頭火にかぎらずとも、濃度の差こそあれ、それは誰しも人生の物語を紡いでいくなかで味わっていることではないだろうか。アウシュビッツの地獄を生き抜いた実存心理学者のヴィクトール・フランクルはそのことを、ホモ・パティエンス（Homo Patiens）すなわち苦悩する人間と表現したが、それは人間（ヒト）を意味するホモ・サピエンス（Homo Sapiens）になぞらえてのことばである。すなわち、人間は誰もが苦悩するものなのだというのである。

山頭火は、「解くすべもない惑いを背負うて行乞流転の旅に出た」。山頭火の「解くすべもない惑い」とは、解決する方法のない「惑い」とは、なんであったのだろう。それは畢竟、「生きることの苦悩」すなわち人生ではなかったろうか。山頭火は、人生という生きることの苦悩を抱えて雪の降りしきる道を、行乞流転の旅を生きたのである。その旅をとおして、山頭火の人生の物語が紡がれたのである。山頭火の生きた時代よりも100年以上を経た科学隆盛の現在《いま》もなお、「生きること」は解くすべもない不思議に満ちた物語であるように、わたしには思われる。

生きることの苦悩に向き合う臨床家は、その苦悩に圧し潰《おつぶ》されてはならない。そこから逃げ出してはならない。そして、その苦悩はけっして他人《ひと》ごとではなく自身の身にも降りかかる可能性があるのだということを知らねばならない。そのために、厳しい訓練を積む。そのひとつに、自身もまたみずからの人生航路の軌跡を語ってふり返り、「わたしとは何者か」について徹底的に考える教育分析（以降は「分析」と略）という訓練がある。

　分析における聴き手は教育分析家（以降は「分析家」と略）と呼ばれる。わたしは、訓練を始めて7年目が過ぎたころ、臨床家としての道往きのもっとも辛く苦しいときに分析を体験した。そのときから10年余に亘《わた》って、分析家としてわたしの傍らでともに歩いてくださったのは、河《かわ》合《い》隼雄《はやお》先生[2]だった。

　思い返してみればわたしは小さなころから「生きること」の不思議に取りつかれてきた。自分はどうしてここにこうしているのか、そんなことを思い始めると足下が震えてくることもあった。「生きること」。それは自分の意思で始まったものではない。自分がこの時代に、この場所に、そしてこの親のもとに生まれてきたことは、なにも望んだことではない。しかも、それにもかかわらず、これらのことは自分の人生に深い影響を与えている。わたしにとってまさに「生きること」は、古稀に届こうとする現在《いま》もなお、問うても答えのない、与えられた試練であるように思う。

この人生という不可思議な営みを、科学的に説明することはできない。いくら遺伝子レベルで説明されたとしても、「生きること」の不思議は去ってはいかない。そして、これもまた実に不思議なことなのだが、結局のところわたしは、「人間とはなにか？」「生きるとは？」を考える臨床家という生業を生きているわけである。

わたしの前に座って、クライエントたちはこうしたテーマを語ってやまない。ことばでなくとも、視線や物腰、立ち居振る舞いでもって、子どもなら遊びでもって、とにかくなんらかの表現でもって、望んで生きることになったわけでもない自身の人生を語ってやまない。そうした語りを聴くにつれ、いったいぜんたい、人間が生きるとはどういうことなのだろうとの思いが巡ってくるのである。

このように、わたしの人生の物語はクライエントとともに紡がれて現在《いま》にある。また、分析のころのわたしは河合隼雄という聴き手とともに紡がれてあった。そうした語り聴きからの学びをここに記してみたいと思う。それは、ＡＩ時代が到来し科学の知が人間の営みにさらにいっそう浸透しつつあるこの時代にあって、臨床の知を伝えるささやかな試みでもある。

(1) 一般にはカウンセリングあるいは心理療法や心理相談と呼ばれている。ここでは文脈に応じて「心理相談」あるいは「こころの臨床」とした。

(2) 以降はいい切りの尊敬という意味で「河合隼雄」と記す。

揺籃

第1章　はじまりにあたって

1　かなしみ

　ひとはみな、自分の意思とはかかわりなくこの世に生を受ける。しかも、この世に生まれ出たとき、その周囲の環境もまた所与のものとしてある。つまり自分の意思とはかかわりなく与えられているのである。この、完全に個人の裁量の範囲外にある人間の人生のはじまりについて、人間は生まれたときから病んでいるのだと、河合隼雄はいう。そういわれれば、病いもまた、望んでいないにもかかわらず、その身に降りかかってくるものである。

　ひとはこの世に生を受けるとき、肌の色を選んで生まれてくることはできない。白い肌なのか、黄色い肌なのか、黒い肌なのか、肌の色を選択することはできないのである。また、信仰を選んで生まれてくるわけでもない。キリスト教なのか、イスラム教なのか、仏教なのか、宗教を選択して生まれてくることはできない。さらには、国家はもとより時代や地域を選んで生まれてくることもできないし、家族・家庭を選んで生まれてくるわけでもない。また、望んだわけではよもやないのに、生まれたときから重い病気を抱えて生きるひともいる。そう、ひとはアプリオリ（先天的）に与えられた環境のなかに生まれて、そうして生きていかなければならないのである。

このように、与えられた生を生きるなかに、ひととのかかわりがあり、その体験が人生の物語を紡いでいく。プロローグで取りあげたあの女性もまた、母親とのかかわりを、憎しみの募る体験として紡いできた。わたしとのかかわり合いのあのとき、いったいなにが起きたのだろうか。河合隼雄のことばを手がかりにふり返ってみよう。

人間関係を個人的な水準のみではなく、非個人的な水準にまでひろげて持つようになると、その底に流れている感情は、感情とさえ呼べないものではありますが、「かなしみ」というのが適切と感じられます。もっとも、日本語の古語では「かなし」に「いとしい」という意味があり、そのような感情も混じったものと言うべきでしょう。

（河合隼雄『ユング心理学と仏教』1995年、岩波書店）

あの母親から生まれてきたことは、なにも望んだことではない。しかし、生まれてきた以上、その母親との関係を生きていかなければならない。誰しもそうである。そしてたいていの場合、その自明のことは取り立てて意識されたりはしない。だが、その関係が苦渋に満ちたものであれば、その関係に煩悶《はんもん》とすることだってある。もちろん、その程度はさまざまであろう。数日で元に戻る関係もあれば、訴訟にいたるほどの場合もある。

この女性と母親の関係では、その憎しみは母親を殺《あや》めようとするまでに募っていった。この母と子のかかわり合いは、それほどまでに苦渋に満ちたものだったのである。ただそれは、河合隼雄のことばでいえば、この女性と母親との個人的な水準での関係だったといえるであろう。その憎しみの感情は、ひとえに母親とのかかわり合いのなかから生まれてきたものであって、この女性個人の体験世界のことがらなのである。そしてそれは、母親を殺したいというほどにまで募っていったのである。

母親を殺したい。その気持ちは冗談などではよもやなかったであろう。実際にナイフを取り出してみせ、わたしに承認を迫ったのであるから。その憎しみは、おそらく個人的な水準のいわば臨界点にまで達していたことであろう。このようなとき、思いとどまるように説得するひともいるだろう。その行為の社会的意味を説いて説諭するひともいるだろう。しかし、臨床家であれば直截にはその道を選ぶことをしない。クライエントの人生の物語の道往きをともにするとは、こちらが道を指し示すことではない。この女性は、みずから決断した道を歩いていかねばならないのである。臨床家はその決断と、その道往きをともにするのである。

それでは、もしこの女性が実際に母親を殺めてしまったら、どうするのか。臨床家はどう責任をとるのかと訝《いぶか》しむ向きもあるだろう。このことと関連して、40年以上も前に、河合隼雄はこんなことばを残している。

かつて、学生から自死を予告する電話を受けて、その学生の下宿に駆けつけて未然に自死を防ぐある臨床家がいた。何人もの学生の自死を食いとめるそのひとは周囲から尊敬される存在だった。あるとき、自死を巡る議論のなかで、その先生を賞賛する発言を受けた河合隼雄は、こういった。

そんなんは臨床家じゃないね。

周囲が唖然《あぜん》とするなか、続けてこういった。

死ぬほどの決意をしてまでも、その学生がやろうとしたこころの作業があったわけで、その作業をともにするのが臨床家でしょう。

このとき、わたしのこころにきわめて常識的なことだが、ある疑念が湧いた。それは、では実際にその学生が亡くなってしまったらどうするのか、というものであった。同じ疑念を抱えたひとりが、それを口にしていた。河合隼雄はこういった。

それで学生に死なれてしまえば、それは臨床家やなくて素人やね。

いったい、生と死の隘路《あいろ》を、臨床家はいかにしてクライエントとともに歩くことができるのであろうか。ずいぶんあとになって、分析のなかでそのことを話題にしてみた。すると河合隼雄は笑みを浮かべてこう口にした。

ぼくは三分の一くらいの割合で常識人なんよ。

ひとは環境世界とのかかわりを絶って生きていくことはできない。家族から社会にいたるまで、それらとかかわって生きていかねばならない。それは、ある意味で社会的ルールに則《のっと》ることを意味している。いかに人生の物語の道往きをともにするといっても、そこには環境世界とのかかわりを不問にすることはできない。そこにはつねに、社会的ルールに則ることとのあいだに生まれる葛藤が存在する。河合隼雄のいう「三分の一」とは社会的ルールに則るために注がれるこころのエネルギーの割合なのではないだろうか。完全にルールにしたがってしまえば、個性的に生きることはできない。かといってまったくルール無視の無手勝流では、これも生きていくことはできないであろう。この意味で、ひとはみな、環境世界との葛藤のなかを生きている。それが生きるということだといってもよいだろう。三分の一の社会的ルールに則る常識をもってはじめて、臨床家は生と死の隘路をクライエントとともに歩いていくことができるのである。

　さて、件《くだん》の女性のことに、母親への憎しみが臨界点に達した、あの状況に話を戻そう。あそこで、「母親を殺しに行きます」とまでいい放つことで、この女性が成そうとしたこころの作業とはなんだったのであろう。もちろんそれは、こころの深層でのことであって、そのときに女性が意図したことではないのであるが。

　わたしは思うのだが、あの状況において、この女性ははじめて、母親を選んで生まれてくることはできないのであって、その与えられた生を生きる以外にはないのだと、こころの深層で気づいたのではないだろうか。それは、母親への憎しみを語り尽くすほどにまで語った末にようやく到来した、転換ないしは変容の兆しであったように思うのである。

　人間は死ぬほどのことがなければ変わらないとの河合隼雄のことばが思い出される。そしてその気づきは、人間の生のはじまりに、すべてのひとに等しく訪れる普遍的なことでもあったのである。ここに、特定の個人ではなくすべてのひとに普《あまね》く訪れるという意味で、非個人的で普遍的な水準における母親との関係が、この女性のこころの深層で築かれ始めたということができるのではないだろうか。

　その関係の底には「かなしみ」があると河合隼雄はいう。とすると、この女性にとって、与えられた生を生きるのは、人間であることの「かなしみ」に裏打ちされた営みであるのかも知れない。あのとき涙を流すことしかできなかったわたしは、この女性とともに人間であることの「かなしみ」にふれていたのかも知れない。

わたしは思うのだが、「もう二度としません」とのことばが発せられたとき、これまで息を潜めてきた母親のありようが微動を始めた、つまり一心不乱にわが子を育ててきた母親がこの女性のこころの深層で息をし始めたのではないだろうか。そして、その母親のありようこそが、この女性を長い間苦しめてきた憎しみの体験を変容させることに与《あずか》っていくのではないかと思うのである。

けれども、憎しみは消えることはないだろう。その体験をなかったことにはできない。この女性にとって、憎しみを抱えて生きることは幸福と呼べるものではないかも知れない。けれども、それが「かなしみ」に裏打ちされているとするならば、その人生は味わい深いものに変わっていく可能性を秘めているともいえるのではないだろうか。

あるいは、こうもいえるかも知れない。「いまから、母を殺しに行きます」と口にすることで、この女性は母親との個人的な関係を象徴的に切断し、それによってこの女性に、非個人的すなわち普遍的な関係の萌芽《ほうが》が訪れた、と。その契機の体験は「かなしみ」であった。「かなしみ」は、あれほどまでに憎かった母を「許す」という道を開こうとしていた。それは、この先にあるやも知れぬ「いとしい」の体験を生きる萌芽だったのではないだろうか。

もっとも、これらのことはいまにして思うことにすぎないのである。

2　分断と孤独

生きること、そのことをとおして人生の物語は創られていく。そのプロセスには、生きることを包み込むように、家族や地域社会が、時代や文化がかかわってくる。自分の生を包み込むそれらは恒常的なものではなく、つねに変化・変容してやまない。そのような社会とかかわり合いながら、ひとは齢《よわい》を重ねていく。

その人生途上において、社会の変容を目のあたりにすることもある。20世紀末に起こったオウム真理教事件はおおくのひとびとを震撼《しんかん》させ、「どうしてあんな高学歴のひとたちが……」と、これまでの学歴社会の価値観を揺るがせたものである。とりわけ現代では、社会の変化・変容が加速度的に進んでいるという実感がある。既存の価値観が見直され、ＳＤＧｓやＬＧＢＴＱなどに代表される新たな価値観が生まれている。「多様性」ということばが日常的になってきたように、多様な価値観を社会が許容するようになってきている。しかもその速度は速い。それは、「排除の論理」に支えられて成立した近代社会から、「共生社会」へと向かう道である。現代に生きるひとはみな、その道に向かって、新たな価値観を自身の人生の物語に織り込んで生きていかなければならない。受け容れがたいと感じるひとも、積極的に取り入れていきたいと思うひともいることだろう。いずれにしても、他責・他罰の姿勢ではなく、その価値観を自身の「生きること」のなかに据えてみて、それに向き合うことが求められている。ただし、それは真に茨の道であるように思えるのである。

若者たちは、「昭和」ということばを、たとえば男尊女卑的な往時の価値観がいまはもう古いのだといいたいときに口にしたりする。その一方で、現代の価値観を許容できずに旧来のそれにしがみつく中高年の男性を見かけることも多い。そのような世代間のギャップが家族のありように影を落とすこともある。

価値観の異なる夫婦や親子のあいだに摩擦が生じるのは、いつの時代にもあることなのだが、摩擦によって生じる溝はかつてよりも深くなってはいないだろうか。夫婦や親子のあいだに生じた溝は社会にまで拡がってゆき、「分断」という表現でいまやおおきな社会問題となっている。そして、分断は「孤独」を生んでいる。

日本社会での「孤独」の現状は深刻だ。心の病気で病院に通ったり入院したりしている人は約419万人。児童虐待の通報は年間約19万件。性暴力被害者のうち警察に相談できていない人は96％。さらに、一時よりは減ったといえ、自殺者も年間約2万人に達している。とくに10〜39歳では死因の1位が自殺。先進7カ国（G7）の中で、15〜34歳の死因

1位が自殺なのは日本だけだ。

（東洋経済ＯＮＬＩＮＥ　２０２４年2月26日　https://toyokeizai.net/articles/-/581443）

このような時代を、老若男女が生きている。はたしてこれが「共生社会」へと向かう道なのであろうか。

3　モデルなき人生を生きる

ひとは、この世に生を受け、個々それぞれに外界とかかわり合うことをとおして、その人生の航路を旅する。誰ひとりとして同じ航路をとることはない。体験はひとそれぞれなのだから。ひとと出会い、文化、社会と出会い、そこからさまざまなものを吸収し齢を重ね、喜怒哀楽を生き、そうしてひとは人生という旅を終えていく。こうしたひとの生涯を包み込むように、家族があり、共同体があり、文化があり社会がある。これらの影響をつねに受けながら、そしてこれらにつねに影響を与えながら、ひとは人生をおくる。

わたしが子どものころは、「人生50年」といわれたものだが、いまはその倍、「人生１００年」時代である。ライフサイクルということばがある。人間の一生をサイクルすなわち周期として捉える見方であるが、それになぞらえて、人生をトラック競技にたとえてみると、第１コーナーは誕生から思春期・青年期までを駆け抜ける時代である。この時代に人格が形成されていく。続く第2コーナーは、原家族から離れて新たに家族を成し仕事に勤《いそ》しむ時代である。そして、家族の成長とともに社会的地位を得て安定したくらしを送る第3コーナー、いわゆる中年の時代を迎える。そののち、昨今は「終活《しゅうかつ》」などということばがあるように、自身の人生の締めくくりを意識する第4コーナーの時代がやってくる。これら4つの時代をひとは生きている。もちろん、これは一般的な物言いであるから、個々の人生の物語は個々それぞれにあることだろう。

ここでひとつ、印象深く思い出されることがある。わたしがまだ30代のころ、ある地方公共団体が企画した「高齢者大学講座」の講師として60歳以上の高齢者を対象に連続講義を行ったことがあったのだが、その初回、孔子の論語を引いてライフサイクルについて説明したときのことである。それはこの有名なことばで始まる。

子曰、吾十有五而志乎學《われじゅうゆうごにしてがくにこころざす》

15歳にもなれば、人生の道を定めるようになるのだという。そして、このことばで終わっている。

七十而従心所欲、不踰矩《ななじゅうにしてこころのほっするところにしたがいてのりをこえず》

70歳になったら自分の思うように生きてよいけれども、人の道から外れてはならないという。

そんな話をしていたところ、会場から手が挙がった。

先生、それじゃあ80歳になったらどうなんでしょう?

それは孔子のことばにはないんですよ。そう答えるわたしに、

それじゃあ困る。わたしは83歳なんだから、教えてもらえなければ帰れない。

そういうのである。

これにはまったく驚き、困惑してしまった。ただ、そのときに、ふとあることを思い出し、

こう答えてみたのである。

80歳にして神の声を聴く。

するとそのひとは、納得したようでにこやかな表情を返してくれた。このわたしの答えは、

実はアイヌの人たちの「神用語」にヒントを得たものである。河合隼雄のことばを引用しよう。

アイヌの人たちは、老人の言うことがだんだんとわかりにくくなると、老人が神の世界に近づいていくので、「神用語」を話すようになり、そのために、一般の人間にはわからなくなるのだと考える、とのことである。

（河合隼雄『老いのみち』１９９１年、読売新聞社）

人生も第４コーナーに入ると、身体も思うように動かなくなり、病いを抱えることも増えてくる。認知症はその典型だが、そうなると周囲のひとたちは当人がなにをいっているのかわからなくなる。けれどもそれは、アイヌのひとたちによると、いよいよ神様のことばを話すようになったからだというのである。これは高齢者とともに生きるときのひとつの知恵になるであろう。

こんな話をすると、現実の高齢者介護はそんなにたやすくないということばが聞こえてきそうである。たしかに現代では、第４コーナーから先をいかに生き抜くのかが、深刻に問われている。もちろん、第1から第3コーナーをどう走るのかも問われている。ただ、そこまでは歴史に、先人たちに学ぶことができる、その可能性がある。それに比べて、第４コーナーから先の人生を先達に学ぶことは、なかなかむずかしい。モデルがないからである。「人生１００年時代」などといわれても、１００歳までどのように生きればよいのか、たしかな道筋を示してくれるひとはいない。また、100歳を超えて生きるひとを見ることもほとんどない。

そのようなモデルなき第4コーナーの人生を生きているひとは、たくさんいる。「古来稀《まれ》なり」といわれる70歳を過ぎたひとは総人口の20%を超えていて、とても稀とはいえない。いまや、たくさんの高齢者がモデルなき時代を生きているといえないだろうか。健康な人生を送ることがいかに推奨されていたとしても、ひとはかならず老いていずれ死に逝《ゆ》くのである。少子高齢化社会とも多死高齢化社会ともいわれる時代である。しかも、この人口統計上の事実でいえば日本は世界の最先端を走っていることになる。日本の背中をみて、アメリカと中国があとに続いている。

このような時代にあって、第4コーナーを生きるひとたちはまだ、死よりも生に比重をおいているように思われる。健康食品ブームもそれに拍車をかけている。もちろん、それを否定するつもりはない。ただ、死を身近に感じることがすくなくなってきているのではないかと思うのである。

4　人生の理不尽さ

そういえば、知識人であり反戦思想家であった吉野源三郎が『君たちはどう生きるか』と問うたのは、軍国主義が勢力を拡大していた1935年のことである。その時代のころは戦争が身近にあったこともあって、おそらくいまよりも「死」がくらしの傍らにあったことだろう。そして、そのリフレクションのように「いかに生きるのか」という「生」に焦点が当たっていた、そんな時代だったように思う。けれども、そのころに比べるといまは科学がくらしの中心にあって、それが「生きる」を照らしている、そんな時代である。

ひとはよく、デザートは別腹だといったりする。けれども、「カロリーを考えてケーキは食べない」と、科学的な判断に基づいて行動するひともいる。後者のほうが健康的なのだろうか。前者のほうがこころ豊かにくらせるのだろうか。いずれにしても、科学的な判断という思考法、科学的にみれば……という思考が当たり前になっていることは否めない。因果的・論理的にものごとを理解する仕方は、くらしのすみずみにまで及んでいる。スポーツの世界ですら科学的であり、精神論は過去の遺物然としている。もちろん、メンタルトレーニングという現代版精神論もあることは知っている。けれども、あらゆることがいまは科学的な思考法や装いを身に纏《まと》っている時代なのだと思うのである。

このような時代には、「死」を身近に感じることは、ほんとうにすくない。死までもが科学的に理解されていて、この事態が生々しい現実としてくらしのなかにはない。いまや死は、病室という病院の片隅に追いやられてしまった感がある。もちろん、在宅医療というスタイルがあることは知っている。自宅で、訪問診療医や家族に看取られて人生を終えるということも増えてきている。人生の最期に向けての準備を意味する「終活」ということばもしばしば耳にするようになっている。けれども、「死」という人生最期のプロットが生々しい実感をもってくらしのなかにあるか、そう問われたとき、肯《うなず》くひとはそれほどおおくはないように思うのである。どれほど科学が発展しても、死は予期せぬ事態であるはずなのに……。

くらしの身近を眺めてみると、私たちは「生」を前提にくらしを組み立てていることがわかる。カレンダーに数か月先の予定が入っている、そういうひとは大勢いる。いや、数か月どころか数年先の予定まで入っているというひともいるだろう。そのときまで生きているという確実な保証は何処《どこ》にもないのにもかかわらず、である。ひとはみな、それほどまでに「生」を前提とした時間の流れのなかにくらしている。

けれどもその一方で、「分断と孤独」に象徴されるこの時代を眺めてみると、いまを生きる人たちの苦しみ悶《もだ》える姿もみえてくる。

理不尽な親の暴力に苛《さいな》まれる子ども
学校で凄惨《せいさん》ないじめに遭《あ》う子ども
夫からの暴力に見舞われる妻
愛するひとの裏切りに遭ったひと
ある日突然告げられた不治の病いに愕然《がくぜん》とするひと
交通事故で最愛のひとを失ってしまった恋人
自然災害に為す術《すべ》のなかった人たち
……

このような理不尽な現実はくらしのすぐ傍らに満ち溢れている。自分だけは大丈夫などと高を括《くく》ってはいられない。その現実がいつわが身に降りかかるかも知れないのである。

そのとき、「いったいどうしてわたしがこんな目に遭わなければならないのか」。ひとはそう叫ぶ。SNSなどでつながる情報社会のこの時代、こんな叫びの声を耳にしない日はないといってもいいだろう。それでも、いかに理不尽であっても、人生は振り出しには戻らない。なかったことにはできないのだ。そして、その過去の現実がなければいまの自分もないのである。

糖尿病であると医師から告げられる。それは人生の途上に起こった予期せぬできごとだった。そう告げられたときのことを、そのひとは、「祖母も母も糖尿病だったからやっぱりと思ったけれど、でもどうして姉ではなくわたしだったんでしょうか」と、わたしに問いかけてきた。その問いが科学的・医学的な答えを求めているわけではないことは、すぐに了解できた。だがわたしには、その問いに応えるすべがなかったのである。

青信号で横断歩道を渡っていた親子連れに乗用車が突っ込んで、親子が亡くなるという痛ましいできごとを知った。高層ビルから自殺しようと身を投げたひとに巻き込まれて、下を歩いていたひとが命を落としたというニュースを聞いた。でも自分は絶対にそのような目には遭わないと、断言できるだろうか。予期せぬできごとは自分には降りかからないなどと、いい切れるだろうか。その可能性（危険性）を除去して安全・安心な人生を送ることはできないのである。にもかかわらず、ほとんどのひとは、自分はたぶん大丈夫だろうと、不思議なほどどこか他人《ひと》ごとだと思ってくらしている。そのようなできごとを耳にしても、死はまだ遠く、自分のくらしの身近にはない。そのような死は第三者の死であって、自分の死ではない。いくら終活をして老後の不安を払拭《ふっしょく》したとしても、それでもなお、自分の死は予期せぬ事態である。身体に異変を自覚して受診し、医師から不治の病いを宣告される。高血圧、糖尿病、がん、などと。そんなときに到ってもなお、誰しもが「生」を中心に人生を考えるのではないだろうか。いかに死に逝くかなどとは、すぐには考えない。

「生」のために、投薬による症状の調整や手術による悪性腫瘍の切除など、さまざまな治療法が試みられる。医療的に打つ手がなくなれば民間医療へと視野を拡げることすらある。いったい、「いかに死に逝くのか」という第4コーナーから先の人生は、いつになったら始まるのだろう。

5　人生を考える——物語のはじめに

　そんなふうに、わたしは現在《いま》という時代を眺めている。ちがった眺め方をするひとも、もちろんいるだろう。達者で長生きの時代とか、健康長寿の社会といったことばがすぐに浮かんでくる。たしかに、長い人生を生きられるようになったのはすばらしいことだ。わたしも「人生50年」を遥《はる》かに超えて、いまもなんとか健康を維持している。だからこうしてパソコンに向かっていることができる。でも、そんな自分になんとなく違和感を抱いているのもたしかなのである。その違和感は、「自分の人生はこれでいいのか？」との自問から始まる。「これからの人生を考えなくてもいいのか？」「自分の人生をどんなふうに終えたいのか？」と、自問が拡がるにつれ、その違和感は強くなる。

　最近ではアドバンス・ケア・プランニング（ACP）などという考え方もすこしずつ普及しつつある。自分の人生の第4コーナーをいかに生きていかに終えるのかを、医療そして家族も含めて考えようということだ。でも、それを考えるのはやさしいことではないと思う。

　たしかに、いつまでも健康で元気にくらすというのは標語としてはありだけれど、事実としては不可能だ。それはたしかにそうなのだ。けれども、第4コーナーの物語を紡ぐためには、第3コーナーまでの物語が継承されていなければならない。ここまで生きてきた物語とこれからの人生の物語をいかにつないでいくのか。そこがとってもたいせつではないだろうか。そう思うのである。

これまでと、これから。過去と未来。現在《いま》がいいならそれでいいとは思えない。そんな現状肯定ではなく、現在《いま》というときを生きている自分が過去と未来とをどうつないでいくのか、それが現在《いま》を生きる自分のおおいなるテーマなのではないかと思う。それはまた、自分の人生の物語を紡いでいこうとする営みではないかとも思う。これまで生きてきた自分と現在《いま》の自分をつないでいく。そうしてこれから生きていく自分をみつめる。そのように、自分の人生の物語を創っていきたい。

ではまず、わたしの人生の第1コーナーを語っていきたい。そこはわたしが、こころの臨床の道へと向かう素地が作られた時代である。その時代の社会や価値観とのかかわり合いのなかで、時代性の影響をうけながら、わたしはどのようにその時代を生きて、そしてこころの臨床への道が開かれていったのだろう。

第2章　わたしの背景

1　村社会に生まれる

わたしの人生の物語の第1コーナー、生きていくためのルールを身につけていく時代でのことを語っていきたい。そこでは、家族や地域のしきたり、社会の仕組み、この世界のありようを学んで自分の生き方に組み込んでいくのである。ひとはひとりでは生きていけない。この環境・社会・世界とかかわらなければ、文字どおり生きてはいけないのである。またそのことは、良い悪いはともかくにして、自身の人生の基盤づくりを意味している。

わたしが北陸地方の山間《やまあい》にある小さな町に生まれたのは、20世紀のなかば、1957（昭和32）年のことだった。終戦後12年が経ったときである。両親の家系もその地の出だった。戸籍を辿《たど》ってわたしの家系図を作ってくれたひとがいたが、それによると、現在辿り着けるもっとも古い人物は、江戸後期ころに出生していた。わたしの先祖は、古くから代々その地に根づいてきていたようである。おのずと、文化や共同体のあり方も代々継承されてきたことであろう。根づいたころからそうであったし、わたしの出生のころも、その地は村社会だった。

父が次男だったこともあるのだろう、わたしは父方実家の川向かいにある蔵のなかで、助産師（当時は産婆と呼ばれた）に取りあげられて産声をあげた。父方の祖母はつねにわたしを次男の息子として扱ったものである。「あんたは次男の子だから……」が口癖だった。長男の息子はなにかにつけてチヤホヤされていた。家督相続の価値観が流布していた時代だったから、長男の家系は尊ばれたのである。でも、不思議なことに、わたしはその時代の価値観を体現するような、そんな祖母が大好きだった。よく、老いて本家にひとりでくらしていた祖母を見舞って、内職を手伝ったりしたものだった。

それはわたしが中学生のころだったが、いつもそうするように、本家までの片道小1時間をバスに揺られて祖母に会いに行った。すると、わたしをみやった祖母は、布団からすこし身を起こしてこういったのだった。

死にてぇ、殺してくれ、死にてぇ。

この衝撃的なことばに酷《ひど》く困惑したものだった。どう答えてよいのかわからなかった。だから、上っ面《うわつら》なことばを返して祖母を励ますことしかできなかった。ずっとあとになってから気づいたのだが、この体験は「いかに死に逝《ゆ》くのか」という現代人のテーマを考える、自分自身の原点となるできごとだったように思うのである。

また、これもずいぶんあとになって母から聴いたのだが、父の長男夫婦には子どもが授からなかった。そのため、本家の相続人となる跡継ぎ（あとつ）ぎがいないということで、わたしの次に生まれる男の子を長男夫婦のところに養子に出すことになっていたそうである。実際にわたしが生まれて2年後くらいに男の子が生まれたのだが、生後30分ほどで息をしなくなったそうである。もちろん、戸籍にも載《の》っていない。思春期のころに聴いた話である。それで、長男の家には父の妹の第二子次男が養子に入ることになった。「あんたは家《うち》の子で良かったわ」は母の口癖だった。法的な手続きをとってまでも本家を存続させたかった祖母の身になってみれば、長男の息子を可愛がったのも頷《うなず》けるところである。知り合いが調べてくれた家系図にも、養子によって家系を存続させた過去がいくつかあった。それほどに、家を守るという意識が強かったのだろう。制度上はもう廃止されていたけれども、家督相続というしきたりはその当時、まだ根強く、村を生きるひとびとの価値観のなかに浸透していた。長男として生まれたわたしも、当然ながらその価値観を強く意識させられて育つことになった。父は次男で分家となるから、わたしはその分家の跡継《あとつ》ぎというわけだった。

家訓というほどでもないけれども、姉を入れて4人家族のくらしの中心にはつねに父の考え方があった。ほぼあらゆることが父親主導で決められていった。食卓に並んだ夜ごはんの料理を前にしてお腹を空かせながら、仕事で帰りの遅い父を1時間以上待つことも珍しくなかった。最初に食事に箸をつけるのは父と決まっていたからである。あらゆることに父の意向が反映されていた。それは精神論といってもよかった。「男子たる者、泣いてはならない、笑ってはならない」との父の決まり文句はいまでは笑い話だが、当時はそのことばどおり、お笑い番組を見ることも許されなかった。父のこの態度が醸し出すピリピリとした雰囲気のなかで、わたしの幼年時代は過ぎていった。

近代という時代の保守的な思想である家父長制（パターナリズム）のなかでわたしは生まれ、多感な時代を過ごしてきたのである。

2　高度成長期の生

　わたしがこの世に生を受けたころは、第二次世界大戦に敗れて壊滅的な打撃を受けた日本の社会では、経済の立て直しが始まっていた。土埃《つちぼこり》の舞う道路がアスファルトで綺麗《きれい》に舗装されたり、テレビや洗濯機などの家庭電化製品が揃《そろ》い始めたり、電話が引かれたりと、くらしは身近なところからすこしずつ豊かになっていった。

「昭和」という響きがレトロブームになっている現在《いま》、そのころを懐かしく思う気持ちのなかには、物質的な豊かさがどんどん満たされていったときの高揚感がある。手に入らないと思っていたものが手に入ったときの得《え》もいわれぬ気持ちは、いまも鮮明である。いまのように、モノが余っている時代ではなかった。

　小学校低学年のころに開催された東京オリンピックは白黒テレビで見た。「黒い弾丸ボブ・ヘイズ」の躍動する姿はいまも記憶にあるが、知らず知らずのうちに父親の教育方針が身についていったのだろう、そんなときも周囲には誰もいないのに正座をしてテレビに向かっていたものだった。

　中学生になると、日本万国博覧会を観るために母の知人の運転で、はじめて高速道路を通って大阪に足を運んだ。自動車で長距離を移動するのは、はじめてのことだった。北陸地方の片田舎しか知らないわたしにとって、広大な会場はまばゆいかぎりだった。「世界の国からこんにちは」。この三波春夫《みなみはるお》のテーマソングはいまも耳に焼きついている。

反抗期に差し掛かっていたわたしは、家父長制を息苦しく感じていた。解放的な気分を満喫したくてラジオの深夜番組やフォークソングに夢中になり、コンサートにも足を運んだ。父と面と向かっていい争うことはなかったが、家父長制や父の精神論に対抗するために、合理的・論理的にものごとを考えることの重要性が知らず知らずのうちに身についていった。一方で村社会的なありようを是として自分の生活にそれを取り入れながらも、その一方で科学的なものの考え方を身につけていったのである。

オリンピックや万国博覧会といったイベントの他にも、高度成長期の日本の社会にはおおくの変化が起こっていた。インフラの整備がさらに進んで東海道新幹線や東名高速道路が開通したり、3Cと呼ばれた自家用車、カラーテレビ、クーラー（エアコン）が普及したりしたのもこのころからだった。沖縄がアメリカから日本に復帰したものこの時期である。

もちろん、こうした経済発展による恩恵ばかりの時代だったわけではない。たとえば、ベトナム戦争に反対する学生・市民による反戦運動が盛り上がっていたのも、学園紛争の嵐が吹き荒れていたのもこのころである。東大安田講堂攻防戦やあさま山荘事件をテレビ越しに見た記憶も生々しい。また、経済発展を担《にな》う重化学工業がもたらした産業公害による公害病が生まれたのもこのころである。熊本県水俣《みなまた》市で発生した奇病が公式に発見されたのはわたしの生まれる前の年で、それが水俣病と命名されたのはわたしの誕生年だった。

このように、わたしの多感な時期は社会の変容の、いわば光と影の時代だったといえる。目を凝らせば、表裏一体の光と影の両面が見えたはずである。しかしわたしには、影の世界はまだ何処《どこ》か遠くのできごとのように感じられていた。新聞やテレビをとおして、そういうことがあるのだと知りはしたものの、それらは実感の伴わない遠い世界のできごとだったのである。それほどにわたしは、社会の進歩発展に素直にこころ躍らせ、日常のくらしがどんどん豊かに変わっていく実感を味わっていたのだろう。光の世界ばかりを見ていたわたしは、当時、社会の影の世界にこころを向ける意識がほとんどなかった。まさに、光の世界の只中《ただなか》にいて社会の進歩発展を享受していたのである。

3　社会の影と出会う

　印象深くいまも蘇《よみがえ》る光景がある。幼いころ、母に手を引かれて神社の縁日に行ったときのことである。賑《にぎ》やかな人混みの片隅に、片脚を失った傷痍《しょうい》軍人のうずくまる姿があった。はじめて目にしたその光景に、なぜだかわたしは引き寄せられるように近づこうとした。意図したわけではない。傷ついたその姿がわたしを掴《つか》んで離さなかったのである。そのとき、母はわたしの手を強く引いて、そこからわたしを連れ戻した。

　行ったらダメ！

　そういうことがあった。なにが起こったのか、わからなかった。なぜ母がそうしたのか、わかるはずもなかった。母はわたしを守ろうとしたにちがいない。けれども、いったいなにから守ろうとしたのだろう。思うに任せぬ傷を負ったそのひとがわたしを連れ去るわけもないだろう。

　これはいまになって思うのだけれども、母はおそらく、傷痍軍人のその向こうにある社会の影の世界とわたしが出会うことを怖れたのではないだろうか。母もまた、社会の恩恵を享受してくらしていたひとりである。おそらく母は、わたしの想像すら及ばない戦時中の悲惨なくらしをこころに閉じ込め蓋《ふた》をして、それを絶対に開けないようにして生きてきたのだろう。わたしはその蓋に手をかけようとしたのかも知れない。とすると、その傷を負ったひとは、母の人生の物語の、閉ざされた歴史の扉を開ける力をもっていた、ということになる。うずくまっていただけのそのひとから、母はそれほどに強烈なインパクトを受けたのかも知れない。その傷痍軍人は、わたしの脳裏に、人間に遍《あまね》く深いかなしみを体現する姿となって焼きついたものだった。

また、こんなこともあった。小学生のころだった。わたしにはじめて友だちができた。幼いころからひとり遊びが好きだったわたしは、他の子どもとどんなふうにことばを交わしたらいいのか、なにをして遊んだらいいのか、よくわからなかった。いまふうのことばでいえば、空気の読めない子どもだった。発達障害だったといってもよいかも知れない。両親にいわせると、変わった子どもだったらしい。

「変な子やねぇ」は母の口癖だった。校庭の砂場で、ひとり砂山を作っていたり、相撲の星取り表を作って家で大相撲のテレビ観戦に興じていたり、雨の日に布団のなかで雨音《あまおと》を聞き空想を広げ、日《ひ》がな一日《いちにち》過ごしていたりする、そんな子どもだった。

そんなわたしに友だちができたことは、母にとっても嬉しかったことなのだろう。これからその友だちの家に遊びに行くといったとき、にこやかな笑顔でその子の家が何処にあるのかと、尋ねてきた。だが、友だちが川向こうに住んでいると知って、母の表情は一変した。叱りつけるような厳しい口調で、行ってはいけないというのである。そのときの母の張り詰めたような表情は、いまも蘇《よみがえ》ってくる。なにが起こったのか、わからなかった。なぜ行ってはいけないのか、わかるはずもなかった。友だちができたわたしを否定しているとしか思えなかった。涙ながらに行ってはいけない理由を尋ねてみた。すると、

ダメなものはダメ！


そういって、母はわたしを突き放したのだった。

母のその鎧《よろい》を纏《まと》ったような姿はいまもなお印象深く残っている。どうしてダメなのだろう。その問いすら封印し口ごたえを許さない母にわたしは、不条理を超えて畏怖《いふ》の念すら抱いたものだった。またしても、母はわたしを守ろうとしたのだろう。その友だちのくらしに潜む社会の影（同和地区）とわたしが出会うことを禁じたのだろう。

このようなことは他にもいくつもあった。わたしはすこしずつ、この社会には自分の知らない、見てはならない世界があるのだと、たしかに思うようになっていった。それは、母の生きる姿をとおして近代を知る経験であった。また、ひととひととがかかわり合えない隔絶を経験

することでもあった。

中学生になり、自立心の芽生える青年期という反抗の時期に入ると、さすがに両親の意のままになることはなかった。合理的・論理的なものの考え方、科学的な思考法になじんできていたわたしは、なにかにつけ口ごたえをした。そのたびに、「変わった子やなあ」といわれた。

けれども、それでもまだ村社会のなかで相変わらず光の世界を呼吸していて、社会の影の世界に意識を向けることはほとんどなかった。そして、このような時代の体験は後年、差別や排除といったことばとともに、わたしのなかにひとつの思想を形作る素地となっていった。

4　病いを深める

先にも述べたが、仏教由来のことばに四苦《しく》がある。生老病死《しょうろうびょうし》のことである。この世に生を受け、齢《よわい》を重ねて老い、病いに罹《かか》り、死に逝く。これらは根源的な人間の苦しみであるとされる。生《しょう》。それは生きる苦しみを意味するものでもあり、また出生の不条理を感じることでもある。ひとは、それと望んだわけでもないのにこの世に生を受ける。時代や地域を含めて、生まれる環境を自分で選択することはできない。そのことにひとは苦しみを抱く、というのである。

「産んでくれと頼んだ覚えはない！」は、青年期の若者が母親に向かって吐くセリフの典型である。たしかにそのことばは、まちがってはいない。だが、なぜその事実が若者のこころに引っかかるのだろう。青年期だからということも、もちろんあるだろう。

河合隼雄が、自分の意思で生まれてきたわけではないのに生きていかねばならないということは病んでいるのであり、生きていくということは自分の病いを深めることだといったのを聴いたことがある。また、作家の村上春樹《むらかみはるき》との対談でも「人間はある意味では全員病人であると言える」と語っている（河合隼雄・村上春樹『村上春樹、河合隼雄に会いにいく』1996年、岩波書店）。

自分の意思とはかかわりのないその生が不遇な環境のもとにあれば、それに不条理を感じるひともたくさんいるだろう。その逆の環境にあれば、そのことをさして意識することはないのかも知れない。けれども、いずれであってもひとは生きていかねばならない。そして、自身の生を巡る体験を人生の物語に織り込んでいかなければならない。こころの臨床実践のなかで、おおくの語り手の声を聴くことをとおしてたしかにそう思うようになったのだが、自分の人生は他との比較によって織りあげられるのではなく、ただひとえに自分自身の「生きる」をみつめることをとおして創りあげられるのである。この意味で、出生の不条理を抱えたすべてのひとが病んでいるのであり、河合隼雄のいうように、生きるということは自身の病いを深めることだといえるのではないだろうか。

わたしは思うのだが、生まれてきたという不条理を深めること、それは自分がこの世に生きて在ることの意味を探求することなのかも知れない。そう思うと、この意味の探求がもっとも沸騰する時代が青年期だということに気づく。「産んでくれと頼んだ覚えはない！」。この件《くだん》のセリフは、病いを抱えなければならなかった根源にある、この世に生まれてきたという事実の不条理さに青年期の若者が直面し、口をついて出るものなのだろう。それほど、青年期は身悶《もだ》えしながら生きる時代だともいえる。

病いを深めることは、この世の不条理から目を背けないことである。けれども、ひとは誰しも病いを自覚して生活したいなどとは思わない。だから、不条理なことがあったとき、どうしようもないことがあったとき、ひとはしばしば「仕方がない」とそれを呑み込んでくらすのである。どうしようもない事実を、そのまま受け容れて生きていくのである。だが、それは深めることではない。生きる意味の探求は「仕方がない」と呑み込み、目を逸《そ》らすことではなく、そこでわが身に起こったことにつねに向き合うことなのである。

臨床家というのは、そうした生きる意味の探求を相手とともにする存在である。クライエントの人生に寄り添い、向き合うのである。それは、クライエントの生老病死の声を聴くことである。この世の不条理に身悶えし、「どうしてわたしがこんな目に遭わなければならないのですか?」と叫ぶ声を聴きながら、クライエントとともに歩むことなのである。

このように思うと、河合隼雄のいう、病いを深めるということは、実に大変なことである。叫び声を慰《なぐさ》めのことばで迎えることは誰にでもできる。でも、それは慰めでしかない。生きる意味を探求することではないのである。

5 根源的な問い

この世に生を受けてひととかかわり合いながら生きることは、仏教的な表現でいえば、すべては「縁《えん》」のなかにある、ということになる。望んで、あるいは計画どおりにひととの関係が首尾よく運ぶことなど、そうそう都合よく起こることではない。この世は不条理である。だが、そう納得して定められた世界を生きることのできるひともいれば、そう得心できないひと、世の不条理に抗《あらが》おうとするひとのいることもたしかである。

幼いころからこの世の不条理を垣間見てきたわたしは、光の世界の只中にいながらも、不思議と、ときおりとても新鮮なかたちで、影の世界に出会わされてきた。そこから、幼心《おさなごころ》なりになにかを感じとってきた。成長するにつれ、その鮮烈な出会いや経験を起点に「生きること」への疑問を膨らませていくことになった。

そのようにして成長し、青年期になったわたしは、「どうして生まれてこなければならなかったのだろう?」「自分はいったい何者なのだろう?」という、客観的には答えのない問いをこころに抱くようになっていった。それらの問いはいまもこころに居座っている。わたしはどうもそこから離れられないようである。それはやはり、これまで述べてきたような、人生の第

1コーナーの経験からのように思う。

人生の第1コーナーでわたしは、社会の進歩発展にこころ躍らせ、光の世界に呼吸する一方で、この世には自分がまだうかがい知ることのできない不条理がある、という体験も味わってきた。片田舎の村社会でくらす時代のわたしは、つねに光の世界に目を向けさせようとする家族のなかにあって、自分が生まれたころ、熊本県の水俣で化学工場から河川や海に排出された有機水銀によって、人びとが塗炭《とたん》の苦しみに苛《さいな》まれていたことに、まだ意識的ではなかった。意識から排除され、見知らぬ彼方《かなた》の土地のできごとに映っていた。高校生のころ、地元にできた原子力発電所の危険性がクラスで議論されたときも、原子力が抱える問題についてのわたしの実感は、まだ遠く彼方であった。同じように、意識から排除されていたのである。それらの世界にはまだ霞《かすみ》が掛かっていた。わたしにとっては、ふとしたときに霞の彼方から姿を現したりするだけの世界だったのである。

さて、その後も続いた経済発展はやがて安定成長と呼ばれる時期に入っていった。その節目ころに高等学校を卒業したわたしは、科学的なモノの見方を多少なりとも身につけて、科学とそれによる社会の進歩発展を享受したひとりの若者として、昔ながらの制度やしきたりの色濃い片田舎の村社会を出て京都でひとりぐらしを始めることになった。

出立

第3章　こころの臨床の門を叩く

1　ある親子に出会う

生まれてはじめて、六畳一間でのひとりぐらしが京都の西陣《にしじん》で始まった。人生の第2コーナーにあたる。西陣から歩いて、烏丸今出川《からすまいまでがわ》の近畿予備校に通った。一年後、京都大学に合格したわたしは、大学近くに下宿して本格的な学生生活に入った。科学的なモノの見方を生きる縁《よすが》としてきたわたしは、医学と工学の選択に迷った末に工学部を選んだ。

京都大学の工学部で学んだ最初の2年あまりは、光の世界の只中《ただなか》にいたといってよいだろう。授業もそこそこに娯楽に興じる、当時としてはどこにでもいるごく普通の大学生だった。村社会から出てきた開放感も、それに与《あずか》っていただろう。そんな日々をおくっていたころ、わたしは、家庭内暴力に荒れる中学生とその母親に出会い、またしても自分のうかがい知ることのできない世界があることを思い知らされることになった。家庭教師先で出会ったその男の子は、釣りが趣味のごく普通の中学生だった。

当時の家庭教師は、いまと比べればずいぶん牧歌的だった。勉強もそこそこに、流行《はやり》の漫画や流行歌や趣味の話に興じたりすることもしばしばだった。出会ったその子は釣りが好きで、ふたりは勉強もそこそこによく釣りの話をしたりして、のんびり穏やかにやっていた。そんな何か月かが経ったある日のこと、いつものように挨拶《あいさつ》をして玄関をくぐったのだが、そこで異様な光景を目の当たりにしたのである。

その子は土足のまま、凄《すさ》まじい形相《ぎょうそう》で家のなかを徘徊《はいかい》していた。

おかん（お母さん）はどこや！

そう、ブツブツいいながら。

どうしたのかと尋ねると、「逃げよった」というのだった。事態が呑み込めずにいるわたしには目もくれず、何度もブツブツいいながら、家のなかを歩き廻っている。

力任せに開けた押し入れの襖《ふすま》戸の奥から、妹を抱いて震える母親の姿を見つけたその子は、「母親のくせに、なに隠れとるんじゃ！」と叫んで母親と妹を引きずり出し、拳《こぶし》をふりかざした。母親の顔面を何度も殴り、腹部に蹴りを入れる。「お兄ちゃん、やめて！」と止めに入った妹は、顔面を蹴られて鼻血が噴き出し、仰向けに転がって倒れる。

こんな凄惨《せいさん》な暴力を目の当たりにしたのははじめてだった。暴力はエスカレートし、引きちぎった電話線で母親の首を絞めにかかる。電話線を首に巻きながら、「殺してやる！」と絶叫する。

信じられなかった。これまでふたりでのんびり穏やかにやってきたわたしには、その子にこんな一面があるなどとは、よもや信じられなかった。だが、起こっていることは現実だった。わたしは、矢も楯もたまらず背後からその子を羽交い締めにして制止しようとした。そうしなければ母親が死んでしまうと思った。

やめろ!

叫んで止めに入ったわたしに、その子の下で息も絶《た》え絶《だ》えにもがいていた母親は、手をかすかに横に振って、か細い声を絞り出すようにしていうのである。

止めないでください。わたしが悪いんです。

まったくもって了解不能なことばだった。母親のいうとおりにすれば最悪の事態になることは目に見えていた。力を緩《ゆる》めることはできない。制止する他には為すすべもなかった。
そうこうするうち、その子の身体から力が抜けていく。そうして、ふと我に返ったようにこういうのである。

どないしたんやお母さん、誰にやられたんや？

その子は、自分のやったことを覚えていなかった。そうして、あの、のんびり穏やかにやっていたときに戻っていった。

あとになって、衝撃的なこのできごとを整理しようとしても、なにが起こったのかわけがわからなかった。けれども、わたしにはある確信が生まれた。この親子のあいだには、わたしなどが知る由《よし》もないなにか深いいきさつがあるのだ。うかがい知れない深い関係がこの親子のあいだに流れているのだ。その関係は、これからわたしがどれほど科学を学ぼうとも、けっして絶対に理解することはできないのだ。

2　羅針盤を失う

このことがあってから、大学生活は、いや人生が一変した。幼少期より光の世界の只中で生きてきたわたしの、その生を支えてくれた科学への信仰が一撃で砕《くだ》かれたのである。科学技術を学ぶために工学部に入学した大志は砕け散ってしまった。それほどに、この親子との出会いは衝撃的であり、そして決定的だった。

所詮他人《ひと》ごとではないかといわれればそれまでである。けれどもあのときのわたしは、身体ごと存在ごと反応してしまっていた。科学ではあの親子を理解できないという確信も、知らずと湧いてきただけである。だからそれは妄想だともいえる。けれども、そう確信したわたしがいたのである。

いまにして思えば、それは、この親子との出会いを自身の人生の物語に織り込んでいかなければならないという、こころの深層からの声に反応したすがただったのかも知れない。

おそらくそれは、子どものころに幾度かあった、この世の不条理、社会の影の世界を垣間見る体験とつながっていただろう。その親子との出会いは、わたしをして、子どものころに垣間見てきたその世界に足を踏み入れさせることになったのだろう。これまでは幼いわたしを守ってきた母の力により、対岸にいて垣間見るだけだったその世界に、みずからもまた当事者としてかかわることになったのである。母親とその子は、光の世界の只中にいては知ることのできない、しかしたしかに存在する世界があることを、わたしに身をもって教えたのである。なぜ、そんなことが起こったのだろう。よもや、起こることなど望んではいなかった。それは、わたしの意思とはかかわりなく起こったのである。圧倒的な力で、隠されていた真相が襲いかかってきたような衝撃的な体験だった。そしてわたしは、科学という人生の羅針盤を失ってしまった。

これまではためらうことなく通えていた大学に、足が向かなくなった。授業に出ていても化学や物理学の実験をしていても、やる気が起きない、意味を感じることができない、そんなふうになっていった。まるで、世界が光を失っていくようだった。

きちんと手順を踏めばかならず答えが出てくる科学の世界が色褪《あ》せていった。さながら、科学的には予測できない世界の圧倒的な力の渦に巻き込まれていったかのようだった。

自分でもよくわからなかった。あの親子のことが引き金になったのは事実だったが、自分になにが起こったのかがわからなかったのである。自分の意思で引き起こした事態ではないのに、どうしてこんなことになったのだろうか。ひとりで煩悶《はんもん》する日々が積み重なっていった。無為にときをすごす時間が過ぎていった。ただ、いまにして思えば、こころの深層にあの惨劇が灯した火種があって、それがなにかに点火されるのを待っていたのではないかと感じるのである。

そうしてわたしは、このままでは留年してしまうのではないかと案じた知り合いの口車に乗せられて、工学部から教育学部に転じることになった。そのときのわたしには、みずから判断する力が萎《な》えてしまっていた。教育学部はレポートだけで卒業できる、そう知り合いはいってくれた。わたしを案じていってくれたのだろう。だがそのときは、ほんとうにそのことばにすがるしかなかったのである。

3　河合隼雄に出会う

当時の京都大学は、転学部に寛容だった。もちろん入学試験の点数や面接といったハードルはあったが、それを除けば学生の意思が比較的尊重されていた。これはわたしにはありがたいことだった。このまま工学部にいてもおそらく卒業はできなかっただろう。卒業さえできれば、あのころは社会経済が安定成長していたので、就職は狭き門ではなかった。しかし、わたしにはその卒業がもっともむずかしいことだった。

こうして、科学という依代《よりしろ》をなくしたわたしは、ただ簡単に卒業できるという噂を頼りに教育学部の門をくぐった。まったく、教育学部には失礼千万なことである。この選択には、両親とくに父は大反対だった。教育学部を卒業したところで食うに困るだろう、というのがその理由だった。けれども、このまま工学部にいたのでは卒業すらできない状況だった。そうしてわたしは、父の意向にはじめて逆らうことになったのである。

さて、教育学部に転じた春、物珍しさも手伝って授業に出てみた。「臨床心理学概論(3)」と題した入門的な講義だった。ここで河合隼雄に出会うことになった。そして、その出会いが失っていたわたしの人生の航路を方位づけることになったのである。

今日は最初ですから臨床心理学の「臨床」ということについて話すことから始めます。

そう河合隼雄は口火を切って、黒板に大きく「臨床」と書き、このふたつの文字のあいだにレ点を付した。わたしはもちろんこの人物を知らなかった。当時から有名人だったこのひとは、教育学部に入学してくる学生の憧《あこが》れでもあると知ったのは、ずっとあとになってからである。

臨床とは「床《とこ》に臨《のぞ》む」と書きます。この床というのは死の床のことです。つまり臨床とは、死に逝《ゆ》くひとの傍《かたわ》らに臨んで、そのたましいのお世話をすることをいいます。

教室の何処《どこ》か遠くをじっと見つめて、関西弁での語りが響く。学生たちはみな、深く頷《うなず》いている。だが、わたしには異様に映る光景だった。なにより、最高学府の大学でたましいなどということばを聴いたことは驚天動地《きょうてんどうち》のできごとだった。科学はたましいなどという非科学的なものを否定することから始まる、そういう考えが身に染み着いていたからである。このときのことを思い出すと、閉ざされていた重いこころの蓋《ふた》が微動し始めたような、不思議な感触がいまも手応えとしてある。それは、こころの深層の、あの火種がなにかに点火した瞬間だった。

そのとき、わたしの脳裏にある情景が蘇《よみがえ》った。中学生のとき、片田舎の小さな医院の一室。重い肺の病いに臥《ふ》した祖母が、生と死の境を彷徨《さまよ》っていた。祖母の臨死を子どもに見せるのはよくないといって、父はわたしに帰宅を命じた。逆らえなかった。帰り際、大好きだった祖母の、喘《あえ》ぐ呼吸のなかにいとしくわたしを見つめるまなざしにせつなさで胸が張り裂けそうになった。だがわたしは、そのすがたに背を向けて帰途に着いた。あとになって、家に帰るまでのあいだに祖母が息を引きとったことを聞かされた。

我に返ると、授業は進んでいた。が、もう耳には入らなかった。河合隼雄。この不思議な人物がなにを考えているのかはわからないけれども、このひとに付いて学んでいけば、家庭教師宅でのあのこと、あのときの親子のことがわかるようになるのではないか。そんな思いがわたしを包んだ。世界はすこしずつ、色を取り戻していこうとしていた。

それからは毎週かならず授業に出席した。授業が終わるとあとを追うようにして、その背中に質問を投げた。臨床心理学という学問にまったくの素人のわたしには稚拙な質問しかできなかった。でも、なぜか必死に、恥ずかしげもなく毎回その背中を追った。そんなわたしの態度に業を煮やしたのか、こんなことばが返ってきた。

あんたな、ほんまに臨床やりたかったら大学院に来《こ》なあかんで。ぼくは忙しいから学部生の相手はしてられへんのや。

多忙をきわめていたにちがいない河合隼雄のこのことばは、しつこい学生を追い払う定型句だったのかも知れない。だがわたしは、このことばを聴いて大学院に行けば指導を受けられると思った。

それからは猛勉強だった。いまでこそ臨床心理学の講座がある大学院は全国規模で設置されているが、わたしの記憶では当時それは京都大学にしかなかった。臨床心理学を専攻したい学生は、全員が京都大学を目指すといってよかった。そんなこともあって、大学院は狭き門だった。

わたしは文字どおり寸暇を惜しんで勉強した。大学に入学してからたいした勉強もしていなかったわたしにとって、この挑戦は周囲には無謀に映った。よくもまあ合格したものだと、いまでも不思議に思う。

そうして科学という人生の心柱を失い無為なときを過ごしてきたわたしは、あの親子との出会い、河合隼雄という存在との出会い、これらの出会いをとおして未知の世界に向けて一歩を踏み出したのだった。

（3）当時「臨床心理学」と呼称されていた学問領域は現在「心理臨床学」と称されているが、本書では当時の呼称を用いている。

4　与えられた生

あの親子に出会ったのも、河合隼雄に出会ったのも、いずれもまったくの偶然、つまりは縁であった。そもそも、わたしという人間がこの世に生を受けたことすら縁のうちにある。自分の意思で生まれたわけではない。あの片田舎に、あの両親のもとに生まれたことも、まったくの偶然である。自分の意思ではない。そうふり返ってみると、人生というのはつくづく不思議なものだと、感慨深い思いに駆られる。自分の意思で人生を切り開いてきたと思ってはみても、その実、自分は縁によって生かされてきたのである。とすると、そこに自分の意思は働いていなかったのだろうか。もちろん、自分の考えで行動したり判断したりしてきたことは、無数にあるのだが。

人生を川面《かわも》に浮かぶ小舟を漕《こ》ぐことに喩《たと》えるなら、自分でオールを使って向きを変えたり、あるいは川岸に小舟を着けて休んだりしたことはある。興味深い景色があれば漕ぐのも忘れてそれに見入ったことだってある。けれどもわたしは、自分の力でおおいなる川の流れの速さや方角など、それ自体を変えたことはない。そんなことはできるわけがない。ましてや川床《かわどこ》の形状を変えるなどということは、できるはずもない。わたしという人間の意思は、川面に浮かぶ小舟をどう運ぶかということに反映できる程度なのである。

もちろんわたしは、自分の意思を軽《かろ》んじているわけではないし、舟の操作を些細《ささい》なことだと思っているわけでもない。それによってわたしの人生が色合いを変えていったことも、またたしかである。けれども、人生には如何《いかん》ともしがたいことがあるという事実を否定することもできないのである。

先生、母親は取り替えがきかんなあ。

このことばは、筆舌に尽くしがたい母親との関係を生き抜こうとして苦悶の人生を歩いてきたひとりの中学生が、その人生の節目でふと口にしたことばである。

ごめんなさいね　おかあさん
ごめんなさいね　おかあさん

これは、重度の脳性麻痺《まひ》を生き抜いた少年「やっちゃん」が15歳のときに母親に送った生涯たった一篇の詩の冒頭である。この詩は、「ぼくが生まれて　ごめんなさい……ぼくさえ　生まれなかったら」と続いていく。自分が脳性麻痺だということで、母親にひと一倍の苦労をかけたことを詫《わ》びる語りは、母親に向けてのものである。その詩を目にした母親は、

私の息子よ　ゆるしてね

そう詩にして返すのである。脳性麻痺に生まれてきたがゆえに辛い人生を余儀なくされた息子は、それでもいたわりと友愛のこころで周囲とかかわっている。そのすがたを知る母親は、

わたしの息子よ　ありがとう

と続けた。
この母親の思いを受けとめた息子は

ありがとう　おかあさん
ありがとう　おかあさん
おかあさんが　いるかぎり
ぼくは生きていくのです

と認《したた》め、そしてその生涯を閉じたのである。

（向野幾世『お母さん、ぼくが生まれてごめんなさい』１９７８年、産経新聞社）

この親子のどちらに罪があるなどということではない。ただ、息子も母親も与えられた生を生き抜いた、ただそれだけのことである。しかし、それがいかに困難に満ちた道であったかを思い知るとき、与えられた生をまっとうすることの厳しさを肌に痛感するのである。

プロローグで紹介したあの、母親を殺しに行こうとした女性もそうであったように、誰しも、それぞれの両親のもとに生まれたという事実を変えることはできない。その事実を抱えて、その事実を背負って、生きていかなければならないのである。

止めないでください。わたしが悪いんです。

そうあの家庭教師先の男の子の母親はいった。だが、母親に罪があるはずもないだろう。わが子に殺されそうになったとき、それが自分の運命だとして受け容れようとしたのだろうか。あのとき、いのちがけで抵抗していたとすれば、どうなっていたのだろうか。

ふだんは穏やかなあの子は、「殺してやる！」と絶叫して母親に向かっていった。けれども、向かう先は母親ではなく、自身の運命だったようにも思うのである。たとえ母親を殺したとしても、その母親のもとに生まれたという事実を消し去ることは絶対にできない。この、如何ともしがたい生の理不尽さに向けて、文字どおりいのちがけの異議申し立てをしようとしていたのではないだろうか。

このように考えてみると、あの子も母親も、ただ与えられた生を生き抜こうとした、それだけのことなのかも知れない。ただそれは、いのちがけのかかわり合いであったということができる。いったい、与えられた生をまっとうするとは、なんと過酷なことなのであろうか。

5　一隅を照らす

臨床心理学は、こころの深層には自分の意思のはからいを超えた、意識では知ることのできない無意識という世界があって、その世界が自分を創造的に生かそうとして働くと教える。無意識を仮定したそのような理解を否定するつもりはない。けれども、意識とか無意識とかいったことばを使うのではなく、素朴に、臨床心理学とは出会いをとおして人間を知ろうとする、出会いという縁を生かそうとする学問であり実践であるといった方が、いまのわたしの実感に近い。

ひととの出会い、家族との出会い、社会との、文化との出会いをとおして、ひとは自分を知り、家族を知り、社会を、文化を知っていく。天台宗の開祖・最澄が説いたことばがある。

一隅《いちぐう》を照らす、これ則《すなわ》ち国宝なり。

わたしにとっては、あの親子も河合隼雄もひとしく一隅を照らすひとであった。あの親子は、河合隼雄は、いずれそれぞれの人生を生きている。だが、それが照らし、見せてくれる景色や風景をとおして、わたしは人間を知るようになっていった。無限のスケールで拡がる人間の営みの一隅をひとりのひとが照らす。その場所は、そのひとが照らさなければ見ることは適《かな》わない。そして、縁あってわたしの人生がその場所にクロスする。照らし出されたその場での体験をとおして、人間を知るというわたしの営みが拡がり深まっていく。

この時期、わたしの人生航路の羅針盤は、光の世界の只中を生きてきたこれまでの人生から、幼少期からときおり出会い、わたしに畏怖《いふ》の念を抱かせた影の世界とのかかわりをも含み込んだ人生へと、その方位を大きく変えていったのである。

6　神谷美恵子と出会う

河合隼雄に出会って、臨床心理学を志すことになり大学院に入った。そういうと、スムーズに進んだようなのだが、ただ、ことはそう簡単に動いたわけではなかった。当時はまだ迷いがあったのである。

4回生になったとき、わたしは、このまま卒業して就職することも考えた。影の世界、この世の不条理に向き合うことへの怖《おそ》れを拭うことができなかったのである。科学への信頼、信仰が砕《くだ》かれたとはいっても、まだわたしは光の世界で生きていくことに拘《こだわ》っていた。20年あまりの自分の人生を支えてくれた科学に、まだしがみつこうとしていた。科学的なモノの見方でもって生きることの方が、まだしも平らな道を歩ける、そう思っている自分もいたのである。

思い惑う、そんな夏のある日、大学近くの書店で何気なく一冊の本を手にした。私の手は、まだそのときの重みを覚えている。神谷美恵子《かみやみえこ》『生きがいについて』。そのときはまだ、それが座右の書になるとは思いもよらなかった。

幼少期からこころの何処かに刻印された影の世界やこの世の不条理は、青年期のそのころには「生きること」への疑問へと膨らんでいた。「わたしはどうして生まれてこなければならなかったのだろう?」「自分とはいったい何者なのか?」といった問いがこころを占めていたのである。これらの問いに、たとえば両親が出会ったからわたしが生まれたのだ、などと因果的・科学的な事実で答えたとしても、それがわたしになんの説得力ももたないのははっきりしていた。その当時のわたしは、そのような事実を探していたのではなく、まさに自分自身の生きがいを探し求めていたのだといえる。けれどもあのときは、はっきりそう思っていたわけではない。ただ、ひとり不安だっただけである。

はじめて父に逆らって転学部を決断したわたしには依代《よりしろ》がなかった。だから、自分が踵《きびす》を返して逃げないように、誰かの、なにかの支えが欲しかった。自分の人生航路に孤独を感じて支えが欲しかったのである。

神谷美恵子がその人生の航路をおおきく変えるきっかけとなったのは、ハンセン病者との出会いだった。その出会いから、人文学から医学へと転じ精神科医となって病者の治療に生涯を捧げることになったのである。その経歴は、あの親子の出会いを契機に科学から臨床心理学へと転じたわたしに親近感を抱かせた。

『生きがいについて』に差し込まれた月報には、40代のころにゴッホ展を見たときの思いが綴られてあった。そこで神谷美恵子は、ゴッホの絵画からその人生、その「苦闘にみちた生活」を思い、「人は自分であり切らねばならない、ということを再びまざまざと感じて帰って来た。自分のこれから進むべき道をはっきりと示されたように感じた」と記《しる》している。それは、ハンセン病療養所の長島愛生園で病者に会い始めた翌年のことであった。

そうしてわたしは『生きがいについて』のページを繰り始めた。そこには、強い意思と細やかで奥深い思いとが、豊かな感性とともに綴られてあった。

ああ、わたしはなんという狭い了見で自分というものを考えようとしていたのだろう。神谷美恵子のことばに出会いながら、そう幾度も思った。そのたびごとに、こころにかかっていた霧がすこしずつ晴れていくようだった。科学か臨床心理学か、などと体裁の良い命題で自分の人生を納得させようとしてはならない。そんな二者択一の問題ではなく、わたしが知りたかったのは、この如何ともしがたい人間という生きものの営みの不思議であり綾《あや》だったのだ。生きるということだったのだ。

哲学者の西田幾多郎《にしだきたろう》は、還暦のとき、自分の道を進む決意をこう詠《よ》んだ。

人は人吾《われ》はわれ也《なり》とにかくに吾行《ゆ》く道を吾は行《ゆく》なり

偉大な哲学者とは比べるべくもないけれども、このとき、母や社会が誘《いざな》おうとする風とは異なる、出会いの不思議をとおしてわたしに吹いてくる風を、自分なりの意思をもって覚悟して引き受けよう、そうわたしは決心していた。

このようにしてわたしは大学院に進学し、ひととひととのかかわり合いの世界に身を投じていったのである。

邂逅

第4章　こころの臨床の門前小僧

周囲の人たちはたいそう驚いたようだが、無事に大学院に入学することができた。語学（英語とドイツ語）と専門科目（「臨床心理学」と「教育行政学」）の筆記試験、そして論文審査があった。これだけを教育学部に転じてからのわずか2年あまりに身につけなければならなかった。それはまず無理だと周囲は思っていたようだ。思い返してみると、これまでの人生でもっとも勉強した2年間だった。

大学院に入学してからは、河合隼雄のこころの臨床に向き合う姿勢やことばに、ごく身近に接して、それを吸収しようとしながら日々が過ぎていった。いま思えば、瞬く間に過ぎていった大学院時代であった。

ここからはまず、はじめてこころの臨床の実際を経験したできごとから語り始めることにしたい。

1　プレイセラピー

新学期が始まるすこし前、大学院の先輩（男性）から電話が掛かってきた。その先輩とはキャンパス内で顔を見かける程度でほとんどかかわりがなかったので、突然のことに驚いて受話器を取った。

京都大学では、大学院に入学すると臨床心理学の実践トレーニングの一環として、授業のない曜日に学外で研修をするのが通例となっていた。電話はそのことについてだった。自分の意思とはかかわりのないところで、ことは動いていたのである。大学院の上級生たちの取り決めで、わたしはある地方自治体の施策として行われていた、発達支援を目的とした母子療育教室というところで研修をすることになっていた。

「○○でプレイセラピーをしてもらうことになったから……」

その先輩に日時を告げられ、指定の時刻に最寄り駅に来るようにとのことだった。こちらの意向などおかまいなしの一方通行の話で、しかもどんな準備が必要なのかもわからなかった。

このような状況でプレイセラピーをするなどというのは、いまではおよそ考えられないことである。だが、その考えられないことが、当時は当たり前の現実としてあったのである。

プレイセラピーは「遊戯療法」とも呼ばれる。簡単にいうと、ことばによる表現が十分でない子どもが遊びをとおして自分を表現し、それによって発達の差し障《さわ》りを解消させていこうとするものである。ことばによる表現が十分でないのは、子どもだからである。子どもは、ことば以上に遊びによって自分を表現する。ただし、遊びたいという気持ちにならなければ表現は生まれない。無理に遊ばせたりしても、ほんとうに表現したいものは出てこない。子どもの気持ちを第一に考えるのである。また、遊びたいという気持ちになるためには、安心して表現できる空間が必要になる。それがプレイルームである。

プレイルームというのは、安心できる遊び場である。誰にも邪魔されずに好きなように遊んで、そして自分を表現できることが保証されている。そのため、プレイルームには自分を表現できるさまざまな遊び道具が揃《そろ》っている。砂場や水場もあったりする。子どもの遊びというと、いまのご時世《じせい》では、スイッチやプレイステーション（プレステ）などの家庭用ゲーム機やデジタルゲームが人気である。当時それらはなかったけれども、その先駆けのファミリーコンピューター（ファミコン）がブームになり始めたころだった。けれども、プレイルームにファミコンはおいてなかった。プレイセラピーが時代の流れに追いついていなかったのかも知れない。あるいは、ひとり遊びになってしまいがちだという意見が当時からあって、そうした理由からだったのかも知れない。プレイセラピーでは、あくまで発達の差し障りを解消させることが目的となるわけで、ただ遊べばそれで良いというわけではないからである。

　プレイセラピーは、週に1回、50分、プレイルーム内で子どもと臨床家の一対一のかかわり合いで行われる。この時間、この場所であれば、臨床家に危害を加えたりおもちゃを壊したりしなければ、子どもは基本的になにをして遊んでもいい。遊びたいように遊べることが完璧に保証されている。この母子療育教室というプレイセラピーの場所で、わたしもひとりのこころの臨床の門前小僧として、子どもにかかわることになったのである。

　何組かの子どもと母親（保護者）が、定められた曜日と時間に療育教室にやって来る。子どもはそれぞれ臨床家と一対一になってプレイルームでプレイセラピーのときを過ごし、母親はグループカウンセリングに参加する。臨床家を囲んでひとつのグループになって別室で子どもの発達について臨床家と話し合いをするのである。これがここの母子療育教室のプレイセラピーのスタイルだった。では、どのような子どもがやってくるのだろうか。地方自治体の施策であるから、相応の手続きが必要であった。

2　表現を受けとめる

ここでもうひとつたいせつなことは、子どもが自分を表現するときに、その表現を受けとめる相手が必要になる、ということだ。その相手は「セラピスト（治療者）」と呼ばれたりする。でも、わたしはこの呼称を好まない。そんなふうに呼ぶと、セラピストというのは子どもの発達上の差し障りを治すひとだと思われてしまう。実際は、セラピストが治すのでも、子どもが治すのでもない。強いていえば、差し障りが解消されていく、つまり治っていく、というのがいちばんしっくりくる表現なのである。

ただしかし、差し障りといっても、それは子どもの個性のひとつではないかと思うこともある。たとえば、ことばの発達ひとつをとってみても、他の子どもに比べてことばの発達が遅れていたとして、それは早急に対処が必要なことなのか、それとも深くものごとを考えているというその子の個性の現れなのか、それともまた別のことなのか、慎重かつ適切な判断が求められる。標準発達の基準に照らして異なっているとしても、それが直ちに問題となるわけではけっしてない。だから、治療を連想させるような表現を用いることには、それなりの抵抗を感じる。そこでここでは、表現を受けとめる相手をセラピストではなく「臨床家」と呼んでいる。

大学院に入学してわたしは、この臨床家になるためのトレーニングを受け始めたのである。ただ、いまでこそわたしはプレイセラピーを子どもの成長の心理的支援をしていく方法と理解しているが、臨床心理学を学び始めたその当時は、差し障りを解消する治療法であると思っていた。ここにも科学的な見方が残っていたように思う。治療の方法を身につけようとしていたのである。ただ、現在でもそう考える臨床家が多いのも事実である。それほどに、科学的な見方は臨床心理学の世界にも影響を与えている。いずれにしても、プレイセラピーでは安心して自分を表現できる場とおもちゃと、表現を受けとめてくれる臨床家がいるというシチュエーションに変わりはない。

3　発達の健診

子どもが生まれると、母子保健法に基づいて定期的に健診を受けることになる。身長や体重、首の据わりや股関節の状態、視覚や聴覚といった身体発達面をチェックしてもらうために、地域の保健センターや指定された病院に、母子手帳を持参した保護者が子どもを連れて足を運ぶ。これは、生まれて3年目の3歳児健診まで続く。

3歳児健診は発達が順調かどうかの最終チェックである。発育状況の確認（身長、体重、栄養）や、運動発達（手を使わずに階段がのぼれる、クレヨンで○が描けるなど）、精神発達（自分の名前がいえる、ごっこ遊びができるなど）、生活習慣（生活リズム、排便・排尿など）など、多岐に亘《わた》ってチェックが行われる。子育て相談の時間もある。このようなチェックを経て、発達に差し障りがあるということになると、それに応じて専門機関が紹介されることになる。そのような子どもは「発達に遅れがある」と総称されていた。わたしが研修に行くことになった母子療育教室は、そうした紹介の受け皿となる専門機関のひとつだった。保健師に紹介されて、母親と子どもは、母子療育教室にやってくる。

まだ十分にことばが出ないとか子ども同士で遊べないとか、身辺自立ができていないなど、通常なら3歳でできることがまだできていない、それをここでは差し障りと表現している。発達の遅れという表現は先に述べたような理由で、やはり用いることに抵抗がある。さらにいうと、遅れという表現によって、当の子どもとその家族は不安をかき立てられることになる。健診を受けるまでもなく、子育て世代は自分の子どもが順調に育っているのかどうか、一様に不安を抱いている。子育てをする人たちは、ちょっとしたことに敏感に反応し、不安になる。標準発達の基準に照らして遅れがあるという、ある意味で客観的な表現では遅れがひと括りにされ、一人ひとりの子どもの実像をみえにくくさせてしまう。保護者は専門機関を紹介された時点ですでに、そうした脅威に晒《さら》されているのである。母子療育教室ではそのような保護者の不安を受けとめ、子どもの発達をプレイセラピーによって促《うなが》そうとするのである。

4　こころの臨床の時代背景

ところで、いまを遡《さかのぼ》ることおよそ40年前、当時の日本の高等教育における臨床心理学の事情は、なんとも細々としたありさまだった。臨床心理学はいまでこそ心理学のなかでメジャーな領域となっているのだが、その当時、大学や大学院に臨床心理学の講座が設置されていたのは京都大学だけだったと記憶している。もちろん専門の学会などあるはずもなく、大学院に入学して2年目、それはわたしが大学院に入学した翌年だったが、ようやく学会の前身となる「集い」が全国規模で開催されたという具合であった。そう、日本の臨床心理学はまさに勃興《ぼっこう》期《き》にあり、その時期にわたしの実践トレーニングが始まったというわけである。

社会状況もこの動きに大きな影響を与えていた。そのころ、経済は安定成長期に入っていて、おおくのひとたちが近代科学の恩恵を享受していた。たとえば、家庭用電化製品が整ったおかげで、これまでならば何時間もかかった家事が短い時間で済むというように、生活は合理的になり、趣味や娯楽に使える時間が増えていった。いわゆる近代化が加速度的に進んでいった時代である。ほとんどの家庭がくらしに困窮しなくなった時代ともいわれた。一億総中流社会とも呼ばれた。

そんなとき、学校に行かない子どもが現れ始めた。行きたくても行けないような経済事情でもないのに、どうして学校に行かないのだろう。当人に訊《き》いても埒《らち》が明かないし、教師や保護者は首をひねるばかりだった。いまでは不登校と呼ばれるが、当時は学校恐怖症なり登校拒否と呼ばれた子どもたちに、社会は注目した。けれども科学は、「どうしてこの子は学校に行かないのですか?」との問いに答えることができなかった。

また、ことばを口にしない子どもが現れ始めたりもした。ふつうなら1歳を過ぎると片言《かたこと》を話し始めるのに、なにもいわない。目も合わさないし周囲に背中を向けたようにしている。ビンのキャップのような、ゴミ箱行きのモノに異様なほど執着して、それを離さなかったりする。自閉症と呼ばれた子どもたちである。昔なら田んぼの隅の菰《こも》に赤ん坊を入れておいてもそのうち勝手に喋《しゃべ》るようになったのに、どうしてことばが出ないのだろう。子育て世代の関心事になった。

食事をしない子どもも現れ始めた。食べるものに困らなくなった時代なのに、食べものを口にしない。食べても吐いてもどしてしまう。このような子どもたちは拒食症や摂食障害と呼ばれた。「どうすれば、家《うち》の子は食べ吐きをやめるようになりますか?」との問いに、科学は無力だった。

かつてなら目にしなかったこうした子どもたちを、周囲は理解することができなかった。身体的原因を科学的に特定できなかったため、子育てに問題があったのか、発達そのものが問題なのかなどと、周囲は理解に苦しんだ。学校へ行くことに困らない時代に行かない、食べることに困らない時代に食べない。なんと皮肉なことかと嘆いてみても、そんな子どもたちとどう接してよいのか、どうすればその問題が解消するのか、わからなかったのである。

このような状況に、臨床心理学はひとつの見方を提示してみせた。それはどうやら、こころの問題ではないか、というのである。誤解のないように付け加えると、たんなる精神論ではない。

わたしの父は、「精神一到何事か成らざらん」とか「心頭滅却《しんとうめっきゃく》すれば火もまた涼《すず》し」といったことばが好きでよく口にしていたし、またわたしのことを、甘えているとか、たるんでいるとかいってよく叱ったものだが、そのような脈絡でこころの問題といっているのではない。そうしたこととは異なる新たな見立てが提示されたのである。

精神論なんて時代錯誤だと思われるかも知れない。けれども当時、不登校の子どもをそのように理解しようとした、たとえば怠《なま》けていると考えた教師や保護者はけっしてすくなくなかった。同じ脈絡で、子どもが自閉症になるのは母親の育て方が悪いというような、他者に責任の所在を押しつける見方も当時はすくなくはなかった。思えば、このような精神論は当時のひとつの風潮だった。臨床心理学はむしろ、そうした精神論に異議を唱えたといえる。そのような精神論では理解も解決もしない問題が社会に生まれている。この状況は、近代化の恩恵である物質的な面ばかりに囚《とら》われてきた個人や社会が、こころの面に目を向ける必要性を提示していたといえるのではないか。物質的恩恵に浴したひとたちのこころの居場所は何処《どこ》にあるのか。こうした問いが提示されているのではないかと、臨床心理学は考えたのである。この状況をひとつの日本社会の病理と捉えて、文化論を展開していったのが河合隼雄だった。臨床心理学はこのような時代背景のなかから生まれた。そしてこの時期、臨床家になるための、わたしの研修が始まったのである。

またこの時期、社会には「排除」という価値観が流布《るふ》していた。学校教育の場では養護学校が義務化され、普通学級から障害児が排除されるということが起こった。排除された障害児の受け皿になったのは、現在は特別支援学校と呼ばれている当時の特殊学級や養護学校であった。そして、そうした学校は社会の中心部ではなく辺縁に位置していた。中心部から排除されていたのである。また、単科精神病院やサナトリウム、ハンセン病療養所の多くも社会の辺縁にあった。郊外の自然に恵まれた澄《す》んだ空気のなかで療養する、という口上はおそらく建前的なものであっただろう。本音は、くらしの中心部にあると支障を来《きた》す、ということではなかっただろうか。

いつしかそれは、それぞれの個性に応じて教育を受ける権利、専門の医療を受ける権利という表現に変わっていった。それは、「排除の論理」に支えられて成立した近代社会が「共生社会」へと向かう道の途上にある変化であった。ここで、ひとと社会とのかかわり合いという観点から見たとき、その変化の流れを認識するのは重要なことではないかと思うのである。社会の側がその価値観でもって排除を行う流れに対して、ひとの側からの権利主張が生まれてきたからである。けれども、当時そのような感覚はくらしの中心にはなかった。養護学校や精神病院はくらしの目の届かないところにあった。かつて母が幼いわたしを守ろうと手を引き、わたしを光の世界に連れ戻そうとしたように、排除という社会の価値観のなかで、おおくのひとたちのくらしの辺縁に、それらはあったのである。

5　こころの臨床の実践の場

ひとの「生きる」は社会とのかかわり合いのなかで生まれる。母子療育教室もそうだが、悩みごとを抱えて相談に訪れる場には、くらしの中心部では耳にしない話がたくさんある。家庭や職場や学校の人間関係で深く悩んでしまったとき、その悩みを誰彼構《だれかれかま》わず気楽に話すことができるだろうか。おそらくできないだろう。そんなことをしたら危険だと感覚的に思うのではないだろうか。いたずらな励ましや慰《なぐさ》めに遭うこと、好奇な視線や表情に出くわすこと、そうした危険を察して不安になり、簡単には話せなくなるのではないか。そのように傷つくことから自分を守ろうとするだろう。では、そのようなひとが必要としているのは、なんなのだろうか。家庭や職場や学校での悩みを、安心して話したり表現したりできる場とひとである。その場とひとを、臨床心理学の実践は提供しようとした。ここだったら安心して話せる、自由に遊べる、誰も盗み聞きなんてしていないし、邪魔するひともいない。そういう場がカウンセリングルームやプレイルームなどと呼ばれる部屋である。このひとにだったら安心して話せる、このひととだったら安心して遊べる、秘密を守ってもらえる。そういうひとが臨床家なのである。

このような実践の場は、高度成長期以降、すこしずつ設《しつら》えられていった。社会や時代もそれを必要としていた。母子療育教室もそのひとつだった。排除や抑圧が中心的な価値観の社会にあって、このような実践の場は、ある意味で必然的に生まれたといえるのかも知れない。そして、その場で語られること、表現されることは、大多数が共有できるような一般的なことや日常会話的なことではなく、おいそれとは相談できないようなきわめて深刻なことがらがほとんどであった。それは、近代化の途上で社会が必然的に生んできた影の世界の内容だったといえるだろう。

6　いかに生きるのか

悩みごとを抱えたひと、病いを背負ったひとにとっては、近代化途上の、光の世界の只中《ただなか》は悠然として生きられる場ではない。不安や戸惑いや苦しみのさなかにありながら、必死で光の世界である社会のなかで生きているのである。それは、いつ光の世界から排除されるやも知れぬという危険性や恐怖とともに生きることでもあるだろう。

そのようなひとと、そのひとが生きる社会や文化とのかかわり合いは、どのようなものなのだろうか。排除の危険性はどのような脈絡で生まれるのだろうか。わたしにとっての臨床心理学の実践トレーニングとは、このようなテーマについて深く考えることであり、それをとおして人間というものを知っていくことになっていった。

一般にカウンセリングや心理相談と呼ばれる臨床心理学の実践は、悩みや問題行動の解決、病いの平癒《へいゆ》を目的としている。それに対してわたしの姿勢は、目の前のそのひとを社会や文化とのかかわり合いのなかで知っていこうとするものであった。そこに、ひとの「生きる」があるからである。もちろん、そのひとが抱える悩みや苦しみ、病いを等閑視《とうかんし》するわけではない。わたしはつねにそれらをこころに留めて、語りや表現を受けとめていく。それをとおして病いが癒《い》えていったり、悩みや問題行動が解決されたりすることはある。けれども、それが直接の目的になるわけではない。それらを抱えていかに生きるのか、ということが大きなテーマになっていったのである。社会や文化とのかかわり合いのなかでひとを知ろうとすることは、まさに生老病死《しょうろうびょうし》に目を背けずに向き合っていこうとする営みだともいえるだろう。

幾多《いくた》のひとの声を聴くなかでわたしは、排除の危険性を帯びた人たちと、その人たちがくらす社会や文化とのかかわり合いを知ることになった。それはいわば、光と影が交錯する地平から影の世界を見つめることであった。

子どものころ、光の只中からその世界を垣間見ることはあった。それは、光の世界にいるわたしのもとに、影が突如としてやってくる感覚でもあった。先に話したあの親子と出会うまではそうだった。けれども、大学院に入学してからのち、わたしは、みずからの意思とともに、光の世界から足を踏み出し、光と影の交錯する地平に立って人間というものを知っていこうとしていたのだった。

第5章　子どもに学ぶ

1　こうちゃんとの出会い

さて、母子療育教室での研修に戻って、3歳児健診で「発達に遅れがある」と指摘され、母親とともに母子療育教室に通うことになった「こうちゃん（仮名）」と愛称で呼ばれていた男の子とのかかわりについての話をしよう。まだ大学院に入学したばかりのわたしは、臨床心理学の知識も素人に毛の生えた程度にしかなかった。ましてやプレイセラピーなどの実践は未経験だった。そんなわたしが、電話一本で、なんの準備もなくいきなりプレイセラピーを始める。まったく無謀ではないか、そう思っても不思議ではないだろう。ただ、これまでみてきたような時代背景や社会の価値観のなかで、臨床心理学自体もようやく歩みを始めたばかりで、臨床家を養成する体系化されたシステムもきわめて不十分な、いわば手探りで進んでいる状態だったのである。

母子療育教室の最寄り駅でふたりの先輩と出会った。そのうちひとりは掛けてきた電話の主だった。3人で母子療育教室まで歩いた、その道すがら、もうひとりの先輩（女性）が不思議なことを呟《つぶや》く。「この道がアスファルトになる前に、ここにいた蟻《あり》たちは、いまはどうしているのかしら？」。こんなセリフは絵本でならまだしも、工学部にいたときにはついぞ耳にしたことはなかった。まったく驚くことばかりで、こんなひとたちと歩いていると、何処《どこ》か不思議な世界に誘《いざな》われるような感覚になったものである。

信号待ちをしていると、自転車に子どもを乗せた親子が向こうからやってくる。「あの子こうちゃん、皆藤君が担当する子よ」と先輩（女性）がいう。驚いて、どんな子どもなのか、母親はどういうことで困っているのかなどと矢継ぎ早に尋ねると、「まあ、会ってみたら」とにべもない返事である。いま思えば、この先輩のいうことはたしかにそうだ。事前情報よりもなによりも、わたしが会って感じることがその子を知るもっともたいせつなことなのだ。けれどもそのときは、ただ不安に駆られていただけだった。そんなふうにして、臨床家になるためのはじめてのトレーニングの場、母子療育教室に辿《たど》り着いた。

プレイルームに入ると、こうちゃんと母親がいた。「よろしくお願いします」と、母親はわたしにガーゼのハンカチを預《あず》けて、カウンセリングへと向かっていった。

こうちゃんはプレイルームのほぼ中央に、ぼぉっと立っていた。挨拶《あいさつ》をして、定型句を口にする。「ここでは時間までなにをして遊んでもいいよ。いっしょに遊ぼう」。こうちゃんの反応はなかった。そのうち、口からよだれがつうっと垂れて床に落ちる。そうか、このハンカチはよだれを拭くためなんだ。こうちゃんの口を拭《ぬぐ》う。こうちゃんはまだ動かない。ぼぉっとしたままだ。わたしもそばに座って、じっとする。

プレイセラピーでは、子どもに遊びを提案するのはまだしも、強制してはならない。子どもの自発性を尊重するからである。では、子どもが動かないときはどうすればよいのか。そのことは、当時まだ数すくなかったプレイセラピーの書物にも載《の》っていなかった。こうちゃんのそばにいて、わたしはなにもできなかった。

「寄り添う」という聞こえの良いことばがある。傍目《はため》にはわたしはそう映ったかも知れない。寄り添っているように見えたかも知れない。わたしはそれを演じること、寄り添うふりをすることだってできただろう。だが、とてもそれどころではなかった。心臓の鼓動は激しく波打っていたし、ひどく緊張していた。どうすればいいのか、なにかをしなければ、そんなことを思って必死に考えを巡《めぐ》らせていた。

手を引いてプレイルームを案内しようか……。家で母親とどんなふうに過ごしているのか、何歳なのか、好きな食べ物はあるのか、きょうだいはいるのかなど、こうちゃんのことを訊《き》いてみようか……。結局、わたしはなにもできなかった。声をかけること、なにかを提案することと、なにもかもである。まったくの無力だった。わたしにできたことといえば、母親から預かったハンカチで、こうちゃんのよだれを拭うことだけだった。こうして、わたしのプレイセラピーのデビューは終わった。でも、ただこうちゃんのそばにいただけのことがプレイセラピーといえるのかどうか、わたしにはわからなかった。

2　先輩の助言

母親と子どもを見送ってから、保健師を交えたスタッフのミーティングがあった。そこでは、保健師から情報が提供されたり、カウンセリングで母親からどんな話が出たのか、母親カウンセラーからの報告があったり、プレイセラピーではどうだったのか、子どもの様子が担当者から報告されたりする。そうしたことがらを共有して、そこから発達支援に向けて話し合いがもたれ、方向性を確認する作業がなされたりする。ミーティングでわたしは、こうちゃんが脳性麻痺《まひ》だと知った。ただそれが、こうちゃんのこれからの人生にどれほどの影響を与えることになるのかは、当時のわたしの意識にはまったくなかった。こうちゃんの人生の物語に刻印された脳性麻痺というプロットと、わたしの人生の物語がどのようにクロスするのか、わたしにはわからなかった。こうちゃんは、まだわたしにとって遠い存在だった。

わたしの報告を聴いた先輩（男性）は、こう助言してくれた。「こうちゃんの場合は自発的に遊ぶのはむずかしいから、行動療法をしてみたらどうかなあ」。いまでは認知行動療法というが、それは認知療法と行動療法が統合されたものである。当時の行動療法は、学習理論に基づいて行動変容を促《うなが》すというものであった。問題といわれる行動は、悪《あ》しき学習の結果として生まれるのであるから、その悪しき学習を消去するために、望ましい行動をとったときには報酬（トークン）を与えてそれを強化する。当時のわたしにはこの程度の知識しかなかった。

当時わたしは、行動療法で人間の行動が変容するはずはないと、根拠もなく信じていた。稚拙で浅い理解でしかなかった。行動療法のトレーニングも、もちろん受けていなかった。たしかに、一方的な思い込みにしか過ぎなかった。ただ、そのときのわたしは、そんなことでひとが変わっていくとは、どうしても思えなかったのである。誰かの力で操作的にひとの行動を変えることなど、できはしないと思っていたのである。たしかに、戦時中の強制労働のように、当人の意思にかかわりなくひとを従属させるということはあるだろう。だがそれは行動変容ではない。当人がその行動を身につけたわけではなく、そうさせられただけに過ぎないのだ。行動療法は操作的にひとを変容させようとする。それは、当人が真に納得した行動の変化ではない。当時はそう思っていたので、行動療法を勧める先輩の助言にはおおいに戸惑った。

3　奇蹟のひと

このことと関連して思い出すのは、『奇蹟《きせき》の人』である。そこには、アニー・サリバンとヘレン・ケラーのかかわり合いが描かれている。劇作家ウィリアム・ギブスンの手になるこの作品は、生後1歳半のころに患った発熱によって、視力、聴力、そしてことばを失うという三重苦を抱えたヘレンが、家庭教師のサリバンに導かれてことばを取り戻していく過程を描いたものだ。クライマックスの、ヘレンが「ウォーター！」と叫ぶシーンは世界中の感動を呼んだ。そこに到るまでにサリバンは身体ごとヘレンに向き合う。たとえば、テーブルマナーをまったく守らないヘレンに、食堂から両親を閉め出して鍵を掛け、逃げようとするヘレンを引きずり戻し、ヘレンが床に投げ捨てたスプーンを力ずくで拾わせようとする。そして、取っ組み合いになる。何時間も続く格闘。とうとうヘレンは、スプーンを使って自分の皿から食事を摂る。このようなシーンが何度か続いたのちに、あの感動的なシーンがやってくる。そのときも、ヘレンはテーブルマナーを守らなかった。サリバンと取っ組み合いになる。ヘレンを食堂から引きずり出してポンプ場へ連れていったサリバンは、ヘレンに水差しの水を一杯にさせようとする。そのとき、奇蹟が起こったのである。

演出家の竹内敏晴《たけうちとしはる》は、「このシーンを見る度に胸がむかついてくる」という。どうして手づかみで食事をしてはいけないのか？　サリバンのやり方は犬の調教と同じではないのか？　そう疑問を投げかける。このような、力任せのやり方では、あの感動的なシーンはやってこない、ことばが取り戻せるはずがないというのである。

自身が難聴を患った経験もあってことばにはことさら鋭敏な竹内敏晴は、ことばが生まれてくる体験のプロセスをこう表現する。

からだの奥深くから眠っていた感覚が呼び醒まされて来、それが今まで全く別の次元で感得されていたいくつかの印象とふれあい重なりあって、突然イメージが凝固し、ひとつのコトバとして結晶してくる、といったプロセスは、実にこまやかな、透徹した集中度の中で、全く予測もなしに起ってくる恵みである。

（竹内敏晴『子どものからだとことば』1983年、晶文社）

そのような恵みがヘレンに訪れるのは、あの力任せの格闘によってではない、そう竹内敏晴は感じたという。そして、みずからもこの戯曲を劇として上演する準備をしていたとき、スタッフのひとりから、このプロセスは真実とはちがうようだと知らされるのである。

4　目の前の相手《ひと》をみつめる

翌週のこと、わたしは、先輩の助言に戸惑いつつも他に妙案もなく、結局はその助言に従い、菓子をもって母子療育教室に向かった。菓子はトークンだった。こうちゃんがわたしの誘いを受けて望ましい行動をとったときにそれを与えようというのだ。

わたしは、こうちゃんの行動を変容させるために一歩を踏み出そうとしていた。でも、それに抗《あらが》おうとする自分も感じていた。操作的にこうちゃんの行動を変えようとする自分を受け容れることができなかったのである。

こころの臨床の世界へとわたしを誘《いざな》うことになった、あの親子のことがこころに浮かんだ。母親に暴力をふるう子どもの行動を止めること以外に為すすべのなかったわたしが、こうちゃんのそばに座ってよだれを拭《ぬぐ》うことしかできないわたしに重なった。どちらのわたしも、無力だった。いま、自分の手にあるこの菓子がその無力感を払拭《ふっしょく》してくれるとは、とうてい思えなかった。そんなことで人間は変わったりしない。根拠はないけれどもそう確信していた。ここまで生きてきたわたしの物語がそう思わせたのかも知れない。けれども、それ以外にいまのわたしにできることはなかった。やるしかない。そう思ってプレイルームに入った。

先週と同じように、こうちゃんはぼぉっと立っていた。菓子の入った袋をもって、こうちゃんの傍《かたわ》らに座る。よだれを垂らしているこうちゃん。よだれを拭いて、こうちゃんの目を、じっと見る。胸が締めつけられる。「こうちゃん」。何度もこころのなかでそう呼びかける。でも、なかなかことばにならない。

ようやく、ことばが口をついて出ようとしたそのとき、その呼びかけが問いとして、わたしに反響してきた。たちまちわたしは自分自身に問いかけていた。こうちゃんへの呼びかけではなく、わたしに向けられた問いとして、それはやって来たのである。

こうちゃんは、……どうして……脳性麻痺なの？

この自問は原風景の体験を蘇らせた。幼いころに見た傷痍《しょうい》軍人、小学生のときに仲良くなった同和地区にくらす友だち。どうして、あのひとには足がないの？　どうして、そこに遊びに行ってはいけないの？　あのとき、わたしはそういえなかった。涙ながらに問うても母は問答無用だった。入ってはならない世界があることを身体《からだ》ごと知ったときだ。ときおり垣間見てきた影の世界には入ることを許されなかった。どうしてとの問いを呑み込まなければならなかった。呑み込んだ次には、「仕方がない」とやり過ごす自分がいた。それほどに、当時は光の世界にわたしを係留しようとする強い力が働いていた。

けれども、いままさに、わたしはどうして、、、自分に問うている。誰かに、ではなく、自分自身に。それはわたしのなかで、自分との対話が始まったときだった。教科書やガイドラインや標準発達の基準など、既存の指針にしたがってこうちゃんを理解しようとするのではなく、わたしが、わたしの経験からこうちゃんを知ろうとする営みが始まったのである。その営みは、既成のモノに頼らずストレートにこうちゃんに向かおうとする姿勢であり、わたしの経験、換言すればわたしの人生の物語ということもできるだろう。

臨床家は誰しも自分自身の人生の物語を依代《よりしろ》のようにしてクライエントの声を聴く。ただそれは、そうとうな経験を積んではじめて到達する姿勢であるようにも思う。門前の小僧の時代は、新しい知識の習得に専心することが重視される。けれども、そうした知識をいくら豊富に吸収したとしても、いま目の前にいるクライエントそのひとを知ることにはならない。

あんたが読んだ本には、あんたのクライエントは載《の》っとったか？

これは、こころの臨床の実際に難渋した門前の小僧の時代に、書物に答えを見出《みいだ》そうとして叶わず、河合隼雄に教えを請いにいったときにもらった、わたしにとっての河合隼雄の名言である。

こころの臨床のトレーニングを受け始めて間もないころ、まだ科学的な方法論から抜け出せずにいたことがあった。担当した子どもとどのように会っていけば良いのかわからなくなり、片《かた》っ端《ぱし》から関連書物を読みあさったことがあった。それでもわからず途方にくれて教えを請いに研究室をノックした。そのときに、経緯をひととおり聴いた河合隼雄の口からこの名言が生まれた。

しかも、たったひとことそういうと、わたしに背中を向けてデスクに向かってしまったのである。そのときはまったく唖然《あぜん》としたのだが、よく考えてみると当該のその子のことが書物に載っていないのは、当たり前のことであった。わたしには、唯一無二の、一期一会の目の前の相手《ひと》との出会いにすべてのエネルギーを傾けて、他の誰でもないその相手《ひと》を知ろうとする覚悟が足りなかったのである。このことばはわたしに、臨床家になることの厳しさと、その仕事の本質を教えるものだった。

河合隼雄のことばにある「クライエント」というのは、こころの臨床実践の場で向き合う相手のことである（本書では「語り手」と表現している箇所もある）。この名言は、こころの臨床の概念や枠組みでもってクライエントを理解しようとする姿勢を戒めている。既存の書物に、いま目の前にいる語り手のことが書いてあるわけがない。だが、この当たり前のことを腹に据えるには、そうとうな研鑽《けんさん》が求められる。というのも、一般に現象を理解しようとするときには科学的なモノの見方を用いるという姿勢が、通常は身についているからである。高度成長期に多感な時代を過ごしたわたしは、こころの臨床に出会うまでは科学的なモノの見方を身につけてきた。そのためもあってか、概念や枠組みに頼ろうとする傾向が人一倍強かった。そう思うと、わたしにとってこうちゃんとの出会いはなんと強烈だったことであろう。それは、わたしにとってこころの臨床の世界に参入するための試練（イニシエーション体験）であったと思うのである。

後年になって、やはりこころの臨床実践に難渋したとき、河合隼雄にそのことを話したことがある。そのとき、こういわれた。

そのひとと会う前の晩は、おいしいものを腹一杯食べて、しっかり寝ることやね。

これもわたしにとっての河合隼雄の名言のひとつである。それは、小手先を使ってどうこうしようとするのではなく、つまりけっして軽々にこころの臨床の概念や枠組みを用いることの愚を犯すのではなく、臨床家としての自分の姿勢、それを人間性と呼んでもよいのだが、その姿勢でもって向き合うことの重要性を教えることばである。

こころの臨床の概念や枠組みでもってこうちゃんを知ろうとするならば、それは脳性麻痺の科学的な理解という道になるであろう。わたしが進もうとしたのは、その道ではなかった。わたしは、脳性麻痺を背負って生きるというのは、こうちゃんにとってどういうことなのか、それが知りたかった。こうちゃんの生きる物語が知りたかったのである。

そしてまた、こうちゃんとわたしは縁あってそれぞれの人生の物語のなかで出会った。そのことは、わたしにとってどのような意味をもっていたのだろうか。こうちゃんと出会い、かかわり合うなかで、なにかが生まれ、それが自身の物語に織り込まれていく。その営みが始まったのである。

こうちゃんと出会って、これまで紡がれてきたわたしの物語のプロットがふたたび光を放った。原風景の体験に光が照らされた。そのようにして、こうちゃんの脳性麻痺が、その事実がわたしの物語にクロスする。脳性麻痺の医学的事実がクロスするのではない。こうちゃんがこの病いを背負って生きているという、そのことがわたしの物語にクロスするのである。いまやわたしは、自分の人生に巡ってきた不思議や不条理を、どうして、と自分に問うて考えようとしていた。望んだわけではない。臨床心理学を学ぶことも、この母子療育教室に足を向けたことも、自分の意思ではなく、なにか不思議な力によってわたしの人生にやってきたことである。

その不思議な力をどのように表現すれば良いのか、なかなか適切なことばを見つけることはできなかったが、河合隼雄の臨床心理学を体験的に学んできたいまになってみると、「布置（コンステレーション）」の作用であったように感じられる。

布置（コンステレーション）について、河合隼雄は、ある高校生がこころのなかで父親への反抗心を募らせてきたときに父親が急に胃潰瘍で入院しなければならなくなった事例を取りあげて、次のように述べている。

ある人（高校生）の内的な状態と、それを取り巻く外的な状態（父親の入院）との間に対応関係があるのが認められる。ユングは、[4]このように内的、外的事象があるまとまりのあるイメージを形成しているように思われるとき、それをコンステレーションと呼んでいる。……中略……それは共時的に布置されているのであって、継時的な因果関係として説明できるものではない（（　）内はわたしが付した）。

（河合隼雄『イメージの心理学』１９９１年、青土社）

これまで紡がれてきたわたしの物語、それはわたしの内的な体験であるのだが、そのこととこうちゃんに出会ったという外的な状態とが布置されている。それは、不思議としかいいようのないことなのであって、けっして因果関係として説明することはできないのである。こうちゃんとの出会いをとおして、わたしはまさに、こころの臨床の世界へと参入していったのだった。

この「どうして」との問いは、このときからこころの臨床にかかわっていくなかで、わたしから離れていくことはなかった。

（4）カール・グスタフ・ユング。スイスの精神科医で、分析心理学の創始者。その思想を河合隼雄は学んだ。236〜238頁参照。

第6章　かなしみにふれる

1　人間であることのかなしみ

わたしは脳性麻痺《まひ》ではない。こうちゃんは脳性麻痺だ。この事実はなにを意味しているのだろう。こうちゃんの脳性麻痺は医学的・科学的には説明できるだろう。

でも、どうしてわたしではなくこうちゃんなのか?

この問いは、突き詰めていくと医学的に説明することでは足りない。わたしではなくこうちゃんだったのは、突き詰めていけば偶然としかいいようがないのである。おそらくひとは、こうちゃんは脳性麻痺なのだからと、それが既定の事実つまり前提になって、じゃあどうしたらいいのか、と考えるだろう。けれどもわたしは、どうしてとの問いから離れることができなかった。すでに始まった自分自身との対話をやめることができなかったのである。こうちゃんと出会って、わたしは子どものころの原風景の体験を蘇《よみがえ》らせていった。それは、こうちゃんがわたしの人生の物語の一隅を照らしてくれたことなのである。

わたしは、自分の人生の物語が展開する時期にあったのだろう。こうちゃんとの出会いがあってからのちも、たくさんのひとに出会うことになったのだが、そのなかでわたしは、どうしてとの自問を幾度となくくり返すことになった。学校に行かない子どもやことばを口にしない子ども、過食嘔吐《おうと》をくり返すひとに出会って、どうしてそうなるのかと、社会の近代化とともにおおくのひとたちが口にしたその問いを、わたしも自問することになった。そして、そのたびごとに、わたしの人生の物語のプロットが照らされ、その人たちの物語とクロスする体験をしたのである。そのことでわたしは、人間の「生きる」を深く考えさせられてきたし、そういう体験を積み重ねて臨床家になっていったように思う。こうちゃんとは、そのように自分の物語が展開する節目に出会ったのだった。

こうしたことの途上、支えになった河合隼雄の著作がある。このころに手にし、以来くり返し繙《ひもと》くことになった『ユング心理学入門』である。その冒頭部分、このわたしの体験と深くかかわると思われる記述がある。すこし長くなるが引用してみよう。

> 結婚式を目前にして、最愛のひとが交通事故で死んでしまったひとがある。このひとは「なぜ」と尋ねるに違いない。「なぜ、あのひとは死んでいったのか。」これに対して、「頭部外傷により……云々」と医者は答えるであろう。この答えは間違ってはいない。間違っ

てはいないが、このひとを満足させはしない。なぜ、この正しい答えが、このひとを満足させないのか。それは、この「なぜ」（Why）という問いを「いかに」（How）の問いに変えて答えを出したからである。医者はHow did he die?（どのように死んだのか）について述べたのである。……中略……WhyをHowに変えることによって、自然科学は今日の発展を遂げてきた。……中略……しかし、この輝かしい理論体系は、われわれの患者の「あのひとはなぜ死んだか」という素朴なWhyには、何らの解答も与えてはくれない。実のところ、心理療法家とは、この素朴にして困難なWhyの前に立つことを余儀なくされた人間である。たとえ、このWhyに対して直接に解答を出せぬにしても、このWhyの道を追求しようとする一人の悲しい人間と、少なくとも共に歩もうとの姿勢を崩さないものである。

（河合隼雄『ユング心理学入門』１９６７年、培風館）

これは、わたしの座右の銘でもある。こころの臨床実践の場に訪れるひとは、「なぜ……」と問うその「道を追求しようとする一人の悲しい人間」なのであって、糖尿病や発達障害などの医学的診断名を付されたひとではないと思うのである。ここで河合隼雄のいう「悲しい人間」とは、人間であることのかなしみにふれているひとといい換えることができるであろう。母親を殺してしまいたいほど憎んだあの女性も、こうちゃんも、子どものころに出会った傷《しょう》痍《い》軍人も同和地区にくらす友だちも、みな、人間であることのかなしみにふれているのかも知れない。「なぜ?」と問うても答えることの叶わぬ、所与の人生を生きていると思うからである。ただ、そうなると、ひとはみな、人間であることのかなしみにふれているということができるように思うのだが、答えのないこの問いを生き抜こうとするひとは、いったいどれくらい、いるのであろうか。

さて、プレイルームでこうちゃんをみつめたときに戻ってみよう。そのとき、「こうちゃん、砂場に行ってみようね」と呼びかけ手を引いて砂場に行く。「よくできたね」と菓子（トークン）をあげる。そんなシーンがあってもおかしくはなかったかも知れない。でも結局、わたしにはできなかった。いまになって思うのだが、そうすることはこうちゃんをある場所にはめ込むことになったのだろう。こうちゃんを脳性麻痺と分類して、わたしのなかに固定することになったのだろう。そうすることは、同時に、わたしを光の世界の住人として登録することにもなったのだろう。光の世界にいて、こうちゃんを、脳性麻痺という影を生きる子どもとして扱うことになったのだろう。それはこうちゃんを自分とは異なる世界の住人として位置づけることでもあっただろう。そのようなことが、わたしにはできなかったのだと思う。

誤解のないようにしておきたいが、社会一般の通念としては、こうちゃんは脳性麻痺の子どもである。しかし、わたしにとってプレイルームの真ん中でよだれを垂らしてぼぉっと立っているこうちゃんは、他ならぬわたしの人生の一隅を照らし、人生におけるかけがえのない問いを生んでくれた地蔵菩薩のような存在だったのである。

「なぜ、こうちゃんは脳性麻痺なのか」。この問いに科学は答えを与えてはくれない。けれども、だからといってこの「なぜ」を「どのように」という問いに置き換えて理解しようとするのではなく、臨床家であれば、こうちゃんとともに、この「なぜ」を抱えて生きていかなければならない。

おそらく、こうちゃんの家族は一度ならずとも、かならずやこの問いを発したことであろう。だが、この問いを医師に向かって発してみても、納得できる答えは得られなかったであろう。「なぜ、わが子は脳性麻痺なのか」との問いに、答えを出せるひとはいない。先に重度の脳性麻痺を生き抜いた15歳の少年やっちゃんとその母親の詩を紹介したが、この「なぜ」に答えを求めるのではなく、この「なぜ」を抱えて生きていく、その体験こそがそれぞれの人生の物語に織り込まれていくのである。

2　深い孤独

いま、こうしてこうちゃんとの出会いに思いを馳せていると、ふと蘇ってきた光景がある。それは、こうちゃんと出会ってから3年あまりが経ったのちに、こころの臨床実践の場に訪れたある青年期の女性が、子どものころの記憶として話してくれた物語のプロットである。

それは、この女性が3歳ごろ、父親の仕事の事情で3年あまりのあいだ、海外でくらしていたときのことだったという。もちろん、はじめての海外生活だった。

ある日の昼下がり、そのひとは母親とふたりで公園にいた。砂遊びが好きだったので、よく砂場で遊んでいたのだという。その日も夢中で砂遊びをしていた。どれくらいの時間が経ったのだろう、ふと、しゃがんでいた身体を起こして顔を上げると、母親がいなかった。海外の見知らぬ土地、ことばも通じない。辺りに目をやると、和《なご》やかな家族の喚声が溢《あふ》れていた。だが、その喚声は自分に向けられているわけではなく、周囲は自分にまったく無関心だった。まるで自分は膜に包まれていて、周囲の世界からは隔絶されているような感覚だったという。「お母さん！」という声も出なかった。砂場のなかでただ呆然《ぼうぜん》と立ち尽くすだけで、どうしていいのか、まったくわからなかった。涙が溢れて止まらなかった。これが、その女性のもっとも昔の記憶なのだというのである。

この話を聴いてわたしには、異国の地でたったひとり、右も左もわからない、誰かを頼ろうとしてもことばも通じない、まったくのひとりぼっちで為す術《すべ》もない幼子《おさなご》の姿がイメージされ、どれほど淋しかったことか、その孤独の深さがこころに染みたものだった。

いまこうしてこうちゃんに思いを馳《は》せていると、プレイルームのなかでぼぉっと立っているこうちゃんがその女の子の姿に重なって映る。その女性は、当時のこの情況を、ただただ淋しかった、その記憶しかないと話してくれた。こうちゃんはどうだったのだろうか。どう感じていたのだろうか。

この女性の人生の原点にあったのは、孤独である。幼少期の異国の地でのこの体験は、その後も色褪《あ》せることはなかった。青年期になっても、世界から隔絶されているという感覚がきわめて鮮烈であり続けていたのである。周囲の人たちは自分とはなんらの関係もない人間として存在している。自分はまったく関心を払われない。ひとことで孤独というけれども、この女性の孤独は極めつけだった。自分は社会に、世界に見捨てられている、そう感じていたのである。蘇ってきたこの40年あまり前の光景は、高度成長期のころのものだが、このような孤独を生きているひとは、「分断と孤独」の現代にも数多いように感じられる。

ひとは誰しも、「自分には生きている意味があるのだろうか？」と、この世に生きている意味を確認するときがある。それは強烈な悶《もだ》えの体験である。生きる意味の探求へと向かうならばまだしも、死への傾斜となって迫ってくることもあるからである。このようなとき、ひとは誰かとの、家族との、愛するひととの、そして社会とのかかわり合いのなかで自分の生きる意味を見出そうとする。ところが、周囲の世界から手が差し伸べられなかったり、世界が自分を見捨ててしまったと感じたりすると、その体験は強烈な孤独感となって自分に襲いかかってくる。その衝撃は、ときに一気にひとを死へと向かわせたりもする。自分から社会にかかわっていけばいいじゃないかというのは、安直な考えである。「分断と孤独」が現代社会を映すタームであるとするならば、死はけっしてふれることのできない遠い世界にあるものではなく、くらしの身近で息を潜めているのではないだろうか。

3　かかわるということ

さて、こうちゃんはプレイルームでなにを感じていたのだろう。日々のくらしのなかで、母親の目の届かないところで過ごす時間はそう多くはないだろう。身辺のいろいろなことに、まだ母親の手がかかっていただろう。そんな母子のくらしは、こうちゃんにとってどんな体験だったのだろう。このプレイルームでは、望んだわけでもないのに母親から離れてわたしといる。状況は理解できていたのだろうか。それはいったい、こうちゃんにとってどんな時間だったのだろう。あの女性のように孤独だったのだろうか。ひとりぼっちだったのだろうか……。

どんなに問いを積み上げてみても、どれひとつとして、答えはまったく不明である。ただしかし、あの女性の幼少期の体験とは、状況からみて決定的にちがう事実がある。その女の子は、母親の不在に気づき涙を流しながら呆然と立ち尽くしていた。周《まわ》りの人たちは誰もその子に関心を寄せなかった。かかわろうとしなかった。では、こうちゃんはどうだったろうか。たしかに母親は不在だった。でも、こうちゃんはひとりではなかった。ただいるだけだったが、そこにはたしかにわたしがいた。「こうちゃんは、……どうして……脳性麻痺なのか？」とみずからに問いかけながら、自身の人生の物語とクロスする世界を必死に体験するわたしがいた。そこには、こうちゃんとかかわろうとするひとりの人間がいたのである。

そのことになんの意味があるのかと問われるかも知れない。たんなる自己満足ではないかといわれるかも知れない。そんなことをしているのではなく、もっとこうちゃんの行動変容に向けて、発達支援に向けて、実際的に試行錯誤すべきだったという意見があるかも知れない。ただ、そうだとしてもいったいなにができただろう。開き直っているのではない。なにもできなかったのがわたしなのだ。力量のあるすばらしい臨床家であれば、できることがあったかも知れない。わたしは無力だった。でも、なにもできないからといって、こうちゃんを見捨てることなど、できただろうか。この子はわたしのいうことがわからないのだから仕方がない、そう呑み込んでこころで見捨ててしまうことができただろうか。脳性麻痺なのだから、身体の問題なのだから臨床心理学の対象ではないなどといって排除してしまうことができただろうか。わたしにはできなかった。

わたしは、ずいぶん手前勝手な考えでこうちゃんにかかわっていたのかも知れない。もっと科学的に考えるべきだったのかも知れない。でもこれが、当時のわたしのありのままだったのである。あのように考えることだけが、当時のわたしにできたことだったのである。あれから40年あまり経ったいまになっても、わたしはこう思うのである。出会いというのは縁のうちにあるのだから、その縁を生かそうとするのは出会った人間の責任ではないのだろうか、と。

4　ふたたび神谷美恵子

あのとき、どうしてわたしではなくこうちゃんなのか、とわたしは自分自身に問うた。同じような問いにみずからの答えを出したひとがいることを、それから4年後に知った。それは、先に述べた青年期の女性とかかわるなかで、孤独について考えていたときだった。わたしはふたたび神谷美恵子に出会うことになったのである。

それは、『人間をみつめて』と題する著作のなかにある、ハンセン病者との出会いの体験を記した詩であった。その詩の一節にこうある。

なぜ私たちでなくあなたが？

どうして自分ではなくあなたがハンセン病を背負ったのかと問いかけるその問いは、目の前のハンセン病者に向けられると同時に神谷美恵子自身にも投げかけられていた。そして、詩はこう続く。

あなたは代わって下さったのだ。

ハンセン病者は自分の代わりになってくれたのだというのである。この問答について、後年になってからの述懐がある。

べつに理屈ではない。ただ、あまりにもむざんな姿に接するとき、心のどこかが切なさと申訳なさで一杯になる。おそらくこれは医師としての、また人間としての、原体験のようなものなのだろう。心の病にせよ、からだの病にせよ、すべて病んでいる人に対する、この負い目の感情は、一生つきまとってはなれないのかも知れない。

（神谷美恵子『人間をみつめて』１９８０年、みすず書房）

神谷美恵子が目指した医学は、本人のことばでいうならば「人間性の探求」と呼べるものであった。それは神谷美恵子にとって、医学（科学）というよりもむしろ、医学の実践の場で出会う、そして医学を専《もっぱ》らとするひとたちへのまなざしをとおした探求の道であったのではないだろうか。

『生きがいについて』とともにわたしの座右の書になっているこの著作を繙《ひもと》いたのは、こうちゃんとの出会いの4年後だったが、こうちゃんとのそのとき、わたしは「どうしてわたしではなくこうちゃんなのか?」と問うた。だが、こうちゃんが代わってくれたのだとは思わなかった。わたしなりの答えがやって来たのは、ずいぶんあとになって、「えっちゃん(仮名)」と愛称で呼ばれた子どもに出会ってからである(第9章)。その話はまたあとですることにしたい。

あのとき、「どうして」の問いが生まれる刹那《せつな》、こうちゃんを見つめたとき、わたしはせつない思いで胸が一杯だった。それは神谷美恵子のいう原体験というものなのかも知れない。そう思うと、傷痍軍人の姿を見たときも、生死を彷徨《さまよ》う祖母のまなざしに出会ったときも、わたしは胸が締めつけられる思いだった。これらもまた原体験といえるのかも知れない。

さて、プレイルームで、こうちゃんの傍《かたわ》らで脳性麻痺を背負って生きる意味を考えるプロセスはその後も続いた。これまで述べてきたことは、そのプロセスのなかで寄せては返す波のように、わたしに去来した思いや体験を、いまの自分のことばでまとめたものである。

その1年後、諸般の事情でわたしはこの母子療育教室を去ることになった。他の施設での研修が決まったのである。出会いがあればかならず別れがある。出会いを生きた重さに合わせて別れの辛さがある。その辛さは、何十年も経ってからやってくることもある。いまのわたしは、こうちゃんとの出会いに深く感謝するばかりである。

他の施設での研修が始まってからほどなく、こうちゃんはわたしにとって遠い存在になっていった。けれども、新たな出会いは、原風景や原点の物語と同様に、こうちゃんとの体験を彷《ほう》彿《ふつ》とさせるものとなっていった。あの青年期女性との出会い、神谷美恵子との出会い、そして、こうちゃんと出会って数年後のえっちゃんとの出会い、みなそうである。そうした出会いはわたしにとって、生きる意味に悶える体験でもあった。

第7章　人間性の探求

1　こころの臨床の展開

こうちゃんとの出会いから始まった実践トレーニングは、次第に濃密になっていった。大学院では、講義や演習、実習などの授業に出席して、ときに発表し、さらにはファシリテーターとして学部生の授業運営を担当するようにもなっていった。学外でのトレーニングの場は、母子療育教室に加え、福祉施設、精神病院、学生相談室などと、臨床心理学の必要性が社会に認められるにつれて拡がっていった。

医療では精神科から心療内科へとその場が拡大した。また、いまはよく耳にするようになったスクールカウンセリングが公立の学校で始まったのは１９９５年のことで、それは文部省（現 文部科学省）が「スクールカウンセラー活用調査研究委託」という新規事業を開始したことに拠《よ》る。もっとも、それ以前から学校教育の場では児童・生徒の心理面からのケアの必要性は認識されていて、独自の判断でスクールカウンセリングを教育に組み込んでいた私立学校もあった。わたしはそうした学校のひとつにスクールカウンセラーとしてかかわってもいた。こうした実践トレーニングについては、毎週、学外の専門家（臨床家）にスーパーヴィジョンと呼ばれる実践指導を受けていた。

また、年に一度、ケースカンファレンスという演習授業において、自分が担当している心理相談の事例をかならず発表しなければならなかった。このときが河合隼雄に実際に指導を受ける唯一のオープンの機会といってよかった。それ以外は、一人ひとりがそれぞれの自覚と責任において心理相談を担当することになっていた。

臨床家は医療者のような科学的根拠（エビデンス）や処方箋をもち合わせていない。もちろんある程度の理論や指針はあるのだが、それがすべての場合に通用するわけではない。クライエントの悩みや訴えはその当人固有のものであり、一般的な基準を示すガイドラインなどで扱うことはできないからである。したがって、心理相談の実際においては、教科書やガイドラインから理論や指針を学ぶだけではまったく不十分となる。

学んだ知識が役に立たないシーンは、心理相談（こころの臨床）の実際にはしばしば訪れる。そのときに必要となるのは、相手と向き合い、その話を聴き、相手の問いに応える覚悟とでも呼べるものである。プロローグ冒頭にある「いまから母を殺しに行きます」とのことばに、日和見《ひよりみ》的になるのではなくまっすぐに向き合う姿勢が必要になるのである。そうした覚悟をもった姿勢を「人間性」と呼んでおくと、心理相談（こころの臨床）の実際においては、臨床家のいい人間性がきわめて重要な要因として働く。そのために、人間性を鍛える厳しいトレーニングが必要になるのである。この意味では、河合隼雄を中心とする京都大学のトレーニングシステムは実に徹底していて、手厚い指導や助言はいっさいなかった。

それであっても、「人間性の探求」はやはり個々それぞれだった。科学的な思考法を偏重するひとたちもいれば、神秘的・超越的な考えに傾くひとたちもいたのである。そうしたちがいは、それぞれが生きている人生の物語から生まれるものなのであろう。

2　記録と記憶

さて、そうしたトレーニングの場でわたしは、プレイセラピーでは子どもに、カウンセリングや心理相談では子どもの保護者、青年期の若者、学校教員に出会うことになった。また、学内でのトレーニングは大学院附属の心理教育相談室で行われた。医学部に附属病院があるのと同じ具合である。現在では、京都大学以外でも臨床心理士を養成する大学院にはそうした施設が備えられている。

心理教育相談室には、悩みや相談ごとを抱える一般のひとたちが数多くやってきた。子どもが学校に行かない、子どもの発達に遅れがあるといわれた、緊張してひととうまく話せない、同じことを何度もくり返し確認してしまう、姑とうまくやれない、将来に不安がある、おかしなことを考えてしまう、生きる気力が湧《わ》かない、子どもが暴力をふるう、夫婦関係がうまくいかないなど、実にさまざまな悩みがそこにもち込まれていた。

そして、医療者がカルテを記載するのと同じように、心理相談を行えばかならず記録をつけることになる。ただそこには、おおきなちがいがある。医療者は検査結果などの科学的データを漏らさずカルテに記載する。電子カルテはそうしたデータに溢れている。しかし、電子カルテには、受診したとき患者が不安そうにしていたのか、切羽詰まった感じだったのかなど、医療者が受けとった情報はほとんど登場しない。主観的な記述がほとんどないのである。おそらく科学的客観性がないとして記載されていないのであろう。

しかし、人間性の探求において、主観的情報はきわめて重要である。他の誰でもない目の前のその相手《ひと》を知ろうとするとき、臨床家は自身の体験を依代《よりしろ》にする。自分の体験したことを手がかりに、クライエントを知っていこうとするのである。そのとき、医療者のように科学的・客観的データは手許にない。もちろん、知識や理論は頭にはある。しかし、それが、いま目の前にいるその相手《ひと》に、そのクライエントに適用できるかどうかは、臨床家の主観、一期一会の体験が判断するのである。

このようにみると、臨床家の経験がいかに重要であるかをうかがい知ることができるであろう。ただしそれは、ただ体験を積めば良いというのでもない。こころの臨床実践のそのときその場で、もてる力のすべてを注いでいま目の前にいるその相手《ひと》を知ろうとした体験の積み重ねこそが、臨床家にとっての経験となるのである。

さて、基本的に、臨床家は相談中に記録をとることができない。話を聴くことに集中するからである。相談が終わってから、記憶に頼って記録を起こすことになる。ここで思い出すのは、旅する巨人といわれた民俗学者の宮本常一《みやもとつねいち》が残したことばである。

宮本常一が目指した民俗学もまた、（日本人の）人間性の探求であった。そうわたしは思うのだが、その最晩年、地域芸能の「猿舞座《さるまいざ》」を主宰する村崎修司《むらさきしゅうじ》にこういったという。

記憶に残ったものだけが記録にとどめられる。

（佐野眞一『宮本常一が見た日本』2001年、NHK出版）

その五感が記憶したものは、膨大な著作や写真を生み、それらはいま、記録として手にし目にすることができる。そこから、宮本常一が生きた時代の日本人の人間性に想いを馳せることができる。そこからは、新しい技術や情報に溢れる現代にとって、「継承」そして「伝承」という人間性を教える宮本常一の姿をみることができる。わたしは思うのだが、臨床家が実践トレーニングとして必須とする事例研究もまた、それをとおして技術や方法を学ぶこと以上に、はるかに当事者の人間性にふれる学びの体験なのではないだろうか。

人間は伝承の森だ、という言葉です。学問は木だが、人間は森だ、というんです。人間に向かって歩け、伝承者になれ。

（佐野眞一『宮本常一が見た日本』２００１年、ＮＨＫ出版）

宮本常一が村崎修司に伝えたこの印象深いことばを、ノンフィクション作家の佐野眞一が聴き取り、記録として残している。

わたしは思うのだが、自然災害や戦争といった悲惨なできごとにふれるいまの社会には、風化ではなく継承が求められている。辛い記憶を風化させることなく継承していくことこそが人間性であり、それを豊かにする営みではないかと思うのである。

さて、臨床家は通常1回50分の相談時間の記憶をもとに記録をつける。もちろんすべてを記憶しているわけではない。「記憶に残ったものだけが、記録にとどめられる」。では、どのような内容が記憶に残るのだろうか。基本的に、そのときの心理相談の概要は記憶される。おおそ、たいせつなことは記憶され、それが記録に残される。ただ、なにをたいせつだと考えているかは、当該の臨床家によってさまざまになってくるし、意外な記憶が心理相談の展開に与《あずか》ることもある。これはずいぶんとのちに体験したことだが、実に印象深いできごとであった。

朝の早くに来室していたそのひとは、いつも「おはようございます」といって席に着くのだった。その日もいつものように席に着いた。ところが、その声音がいつもとちがっていたように、わたしには感じられた。

　ながいあいだ生きるエネルギーの乏しさを訴えてやまなかった、礼儀正しいそのひとの語りは、その内容にさほどの起伏があるわけでもなく、同じような語りが毎回のように、淡々と続いていた。

　いつもとちがうと気づいたのは、ほんとうになんとなくなのだが、強いていえば直観としかいいようのないことだった。そのひとが席に着いてすぐ、わたしは、「なにかありましたね？」と尋ねていた。するとそのひとは、「先生が気づかなければいわないでおこうと思いましたが、わかりましたか」と、そういってこの1週間のあいだに起こった、その人生を一変させるようなできごとを語り始めたのだった。そしてこの回を境にして心理相談はおおきく展開していった。

　このひとの朝の挨拶《あいさつ》の声音を意識して記憶していたわけでは毛頭ない。ただ、どこかでこのひとの人生のはじまりの儀式のようだと感じてもいた。つまり、毎回、まずこのことばからその回の語りが始まるのだなあと、それは毎回このひとが自身の人生を語りに来ていることなのだなあと、そう感じていたのである。

　このようなことがトレーニングの最初からあるわけではない。ただ、その回にどのようなことがあったのか、記録をつけるときに深く考えるという姿勢は、誰に教えられるまでもなくおのずと身についていた。その回の語りの内容だけではなく、クライエントの雰囲気（表情、服装、仕草など）、そしてわたし自身がそのとき感じ考えていたこと、そうしたことを丁寧に思い出しながら、記録をつけていく。それはたんなる備忘のためなどではなく、そのクライエントの人生に、わたしがこころを注ぐことだと、当時から思っていたのである。

もちろん、忘れてしまったこともある。ただそのときも、それは未熟だからとかしくじりだとかいうのではなく、忘れたことそれ自体にも意味があるのかも知れないと考えたりもしてきた。そうすると、忘れたそのことが、あるときのクライエントのことばをきっかけに思い出されてくることもあった。またときには、クライエントの方が自分の話したことを忘れていて、同じことを何度もくり返すといったこともある。そうしたことも、こころの働きとして捉えていく、そんな時間が積み重なっていった。最初は逐語録《ちくごろく》が求められた。ひとり50分のやりとりを記録に起こすのには2時間あまりかかる。トレーニングが始まってほどなく、多いときで週に20人のひとに会うようになっていたので、記録を書く時間は週に40時間かかっていたことになる。まさに臨床づくしの毎日だった。

後年になって大学に職を得てから、臨床以外の諸事に忙殺されるようになったりもして、記録をつける時間それ自体がなくなっていくこともあった。そんなときでも、わたしよりもはるかに忙しいひと（河合隼雄）だっているのだからと、なんとかして記録する時間を見つけようとしてきた。そして、河合隼雄に分析を受けるようになったあるとき、このことを話題にしてみた。

ぼくはもう、記録をつけていません。

これにはまったく驚いてしまったのだが、もっと驚いたのは次に続くことばだった。

夢をみればすべて思い出すからね。

あっけにとられた。そして、こころの深層の世界に生きる臨床家の姿勢をみる思いがした。直接に尋ねたわけではないので推測だが、おそらく時間がないから記録をつけないのではない。河合隼雄にとっては、生きることのすべてが臨床の時間であるから、いうなれば臨床の宇宙を生きていたからこそ、そのようなことばが語れたのではないだろうか。誤解のないように、「夢をみれば」というのは河合隼雄の許《もと》を訪れる語り手の多くは（わたしも含めて）、みずからがみた夢を書いて持参して来るのである。河合隼雄は、それを見返せば語り手を思い出すといっているのである。

3　不可視のこころ

大学院の5年間は、こうして臨床心理学に没頭する日々が続いた。臨床心理学という学問は、ひととひととのかかわり合いのなかで心《こころ》の理《ことわり》を探求するものである。けれども、こころというのは実体ではないから見ることができない。こころは観察することができないのである。そうなると、物体や事象を観察してそこから物体の構造を解き明かしたり一定の法則を導き出したりする科学というパラダイム（考え方）を用いることができない、ということになる。では、こころの探求の道筋を臨床心理学はどのように考えたのだろうか。

一般に、未知の領域は可視化されることによって明らかにされる。近年になって、アインシュタインが一般相対性理論によってその存在を予言したブラックホールがはじめて撮影された。暗闇に光る輪のようなものを、おおくのひとが目にしたことだろう。アインシュタインの予言は実証されたのである。このような可視化は医学の発展にも与っている。顕微鏡の進化によってひとの塩基配列（DNA）までもが測定可能となり、またX線の発見、超音波検査（エコー検査）、コンピュータ断層撮影法（CT検査）、陽電子放出断層撮影法（PET検査）、さらには磁気共鳴画像法（MRI検査）などが開発されてきたが、これらはまさに人体内部を可視化するものであり、それによって治療の方法が導き出され、おおくのひとが救われてきたのである。まさに科学の恩恵である。

それでは、可視化できないこころにかかわる臨床心理学には、科学の考え方とは異なる、こころにアプローチするためのどのような考え方があるのだろうか。このことについて、臨床心理学より先に展開を始めていた心理学という学問が科学であろうとしてきたことを、まず確認しておきたい。心理学は、目に見えないこころをストレートに考えるのではなく、目に見える行動をこころの働きが反映されているものとして観察し、そこからこころを解き明かしていこうとしたのである。

たとえば、「子どもの喧嘩《けんか》」というできごとに遭遇したときに、それを止めに入るひともいれば、それを見過ごすひともいる。このように行動が異なるということは、その両者の心理（気持ち）もちがっているはずだと想定し、両者のこころのちがいを明らかにする、といった具合である。この動向は、現在は行動科学と呼ばれる学問領域を生んでいる。

そのように考える人たちは臨床心理学にもまた科学的な方法をもち込もうとした。科学の考え方を用いてこころを理解する仕組みを作ろうとしたのである。それは現在、認知行動療法という呼称で呼ばれるひとつの学派となっている。けれども、科学の考え方がおおくの人たちの納得する客観的な結果を提示してみせることに同意するとしても、そもそもこころそのものはやはり観察できない、そのことは認めなければならない。

そしてまた、このことは現代においては、科学の考え方が確立されている医療の領域にも影響を与えている。たとえば、周産期医療の領域では出生前検査によって生まれてくる子どもの先天性の問題を確認することができるようになった。科学はその結果を提出する。科学ができるのはここまでである。しかし、それによって科学は人間の側に新たな課題を提示することになった。すなわち、その結果を受けた妊婦や家族が、お腹にいる生命《いのち》にどう向き合っていくのかというテーマである。それはまさにこころの課題である。どのように向き合い、受けとめていくのかは、おそらくひとによって異なるだろう。一人ひとりがそれぞれ固有の人生経験を積み重ね、それぞれに固有の価値観・人生観に基づいて事態に対処していくからである。そこでは、科学の客観性ではなく個人の主観性に光が当たっている。そのことは、どのように考えていけるのであろうか。

ところでここ数年、テレビ画面からは連日のように新型コロナイルスの感染拡大が報じられてきた。画面から、感染者や重症者の数字が流れる。その数字に私たちはなにをみるのだろうか。憂《うれ》いはあっても、そこから特定のある個人の状況にこころを痛める、ということはきわめてすくないであろう。テレビ画面の数字に個人の像を見ることはとてもむずかしい。そこでは、個人の体験や思いは消し去られてたんなる客観的な数値に変換され一括して掲げられているだけである。個々がどのように病んでいるのかという個別性をそこにみることはできない。

それでは、このように科学的な情報ばかりが日々のくらしに浸透している時代にあって、私たちは個人の姿をどのようにして知ることができるのであろう。このことは、医学、医療の領域において、周産期だけではなく、ライフサイクル全般に亘《わた》る課題ともなっている。がん治療の最前線では、ある薬剤の臨床試験で統計的にみて効果があるという科学的根拠（エビデンス）があっても、その薬剤がすべてのひとに効くわけではないことがわかっている。また、そうした治療薬の一切を拒絶するひとさえいる。治療戦略を立てるときには、治療法や薬剤の選択に個の判断が求められることになる。ここにもこころの課題が提示されている。いかに科学的根拠に基づいた治療法を提案したとしても、個人の主観性を完全に無視すること、排除することはできないのである。

4　事例の声に耳を澄ます

このように、科学によってその重要性があらためて提示されたともいえる個人の主観性は、客観性によって成立する科学の考え方だけでは扱うことができない。では、どうすればよいのだろうか。どうすれば、その個人にとってはかけがえのない体験が他の人たちの人生にも意味あるものとなるのだろうか。臨床心理学は、本来的にこうした課題に向き合う領域として生まれて来《き》たといえる。

心理相談の記録をつけることは、クライエントにとってのかけがえのない体験を臨床家が綴っていくことである。当時、心理教育相談室では、週に1回の心理相談は休室期間をのぞくと1年間でおよそ35回であった。各回につけた記録を整理して事例としてケースカンファレンスの場で発表する。その事例は、臨床家がまとめたクライエントの物語（ナラティヴ）である。自分が発表しないときは、参加者として他のひとの発表を聴くことになる。

ケースカンファレンスは水曜の午後1時に始まる。長いときで3時間以上が費やされる。発表される事例の聴き方に指導はない。それぞれが独自の聴き方で事例の物語を理解していこうとする。ただひとつ共通するのは、事例からクライエントのこころを理解しようとする、そういう聴き方をするということである。事例の聴き方を身につけることは、臨床家としての個々の人間性を鍛えることでもある。表現すれば簡単だが、実にむずかしい。身につくまでにはそうとうな時間がかかるし、苦労がある。聴くことができずに船を漕ぐ（居眠りする）参加者もいる。聴くことをとおしてひとの痛みや苦しみを知るというのは、並大抵の苦労ではない。

これは長じて京都大学の教員になってからのことだったが、あるときひとりの大学院生（男性）が研究室に相談にやってきた。ケースカンファレンスでの事例の聴き方がわからないというのである。よほど辛かったのか悔しかったのか、なんと、その大学院生は話をしながら泣いてしまった。幼いころからこれまで、授業がわからないなどということはなかったのだと、下を向いて涙ながらにいうのである。学業に長《た》けていることは、かならずしも臨床家になるための条件ではない。この大学院生は、これまで自分の人生を切り開いてきた学習方法がケースカンファレンスにはまったく通用しないことを知ったのであろう。

わたしは思わず、自分自身のことを思い出していた。この大学院生は、初等・中等教育における学習方法を十二分に身につけて大学の門をくぐった。この方向で人生を切り開いていけると思ったであろう。わたしもまたそうであった。科学を身につけ、科学的にこの世のできごとを理解していこうとしていた。けれども、家庭教師先で出会ったあの母親と子ども、母親に暴力をふるい殺そうとまでした子どもと、その子どもを止めに入ったわたしに止めるなといったあの母親に出会って、わたしは科学的理解の通用しないできごとがこの世にあることを知った。あの出会いがきっかけで人生の羅針盤の方位が変わり臨床心理学の道に進むことになった。この大学院生もきっと、あのときのわたしのようになっていたのだろう。これまで進んできた道とはまったくといっていいほど異なる道に進む、その分岐点にケースカンファレンスがあったのだろう。とすれば、その体験は臨床家になっていくためには経なければならないものだ。これまでとはまったく異なる仕方で事例の聴き方を自分で身につけていかねばならないのだ。それを教えることなどできはしない。しかもそれは、この領域を専門にする者であればかならず通らなければならない道なのである。

事例を聴くということは、ある個人にとってのかけがえのない体験が、多くのひとたちによって共有されていく過程でもある。また、事例の発表者とクライエントとの関係を知っていく過程でもある。事例を聴きながら、個々それぞれに、自身の生きてきた人生のプロットを想起したり、心理相談の担当事例のクライエントを想起したりする。ときにため息が漏《も》れ、ときに響《どよ》めきが起きる。またときには、深い沈黙が訪れる。そのようにして、事例に展開される物語のプロットが、その場をともにするたくさんのひとの人生の物語とクロスし、さまざまな体験を生んでいく。聴き方は個々それぞれであっても、事例の物語はたしかに共有されていくのである。

また、事例の物語は、クライエントがその臨床家と出会うことによって生まれてきたものである。だからこそたとえば、父親との関係と母親との関係それぞれによって生まれる物語が異なるように、事例の物語にも当然、両者の関係が反映される。そのことで思い出すのは、わたしがまだ大学院に入学したばかりの門前の小僧だったとき、河合隼雄の事例をはじめてライブで聴いたときのことである。河合隼雄は、発表が終わる間際、堪《こら》えきれずに、といった感じで声を上げて泣いた。泣きながら、「これで終わりです」といったそのあとも、しばらく泣いていた。なぜ泣くのか、わたしにはまったく理解できなかった。ただ、これもあの母親と子どもに出会ったときの体験と同じように、そのクライエントと河合隼雄とのあいだには、わたしの知る由《よし》もない、うかがい知れぬ深い関係が流れているのだとの確信がわたしに生まれたのである。それは、こころの臨床実践における関係とはなにかを、わたしに教える体験であった。

いまのわたしはどうだろうか。事例の聴き方をある程度身につけたいまであれば、そのときには知る由《よし》もなかった、うかがい知れなかったふたりの関係を知ることができるであろうか。

5　生命《いのち》がけの道

京都の夏はとりわけ暑い。これからその季節がやってこようとするある日の夕暮れどきに、ひとりの中年の男性と出会うことになった。心理教育相談室に申し込みがあったのである。まだ門前の小僧の時代だった。

当時のわたしは、とにかくたくさんのクライエントに出会い、そのときをともにすることをとおして、人間を知っていこうとしていた。寄せられる数おおくの相談申し込みの書類を繰りながら、会ってみたいと思う依頼を選んで、相談事務をとおして相談日のセッティングをしてもらう。おおまかにはこのような流れでクライエントと会うことになっていた。どの申し込みを選ぶのかは、当人に任されていた。門前の小僧であろうとなかろうと、個人の意思が最優先されていたのである。

当時のわたしは、そのことを当然と考えていた。ただその姿勢は、ときおり先輩たちを不快にさせてもいた。「まだ未熟なくせに」というわけである。あの、家庭内暴力に荒れる中学生とその母親とのかかわりをきっかけにこころの臨床の門を叩いたわたしにとっては、こころの臨床実践というのは生命《いのち》がけなのだとの思いは強かった。そんなわたしも、その出会いによって人生航路を変えることになったわけで、決意してこころの臨床の道を歩こうとしていた。この道は生命《いのち》がけで歩く道だと、けっして大げさではなくそう思っていたのである。だから、先輩や指導教官から差配されたクライエントと会うことなど、考えられなかった。

このわたしの姿勢は、無手勝流だといわれても仕方のないものだったかも知れない。クライエントの事情を考慮しない自分勝手な姿勢だとの誹《そし》りを免れない態度だったかも知れない。しかし、同じく工学部から転じたある先輩（男性）は、わたしの姿勢を支持してくれた。そしてごく自然に、わたしはその先輩を目標とするようになっていった。

個人の意思が最優先されるというとき、その意思にはそうとうな熟慮が含まれていなければならない。個人的興味などといった軽々な考えは許されるはずもない。

ひとりの、深刻な悩みを抱えたひとが、たとえ初見の相手《ひと》であっても、その相手《ひと》に自分の悩みを打ち明けようとする。そのようなこころの臨床実践の場に臨むにあたって、わたしは「どうして」そのひとに会おうとするのか、自分のこころとの対話が始まる。もちろん、その問いに論理的な答えはない。ただじっと、自身のこころの動きに自分を委ねてみるのである。そしてあるとき、このひとに会ってみたいという思いがたしかなものになる。それは、このひととの関係に生きてみようとするときだといってもよいだろう。

心理教育相談室では、このようにしてクライエントとの出会いを重ねていった。ただ、こうちゃんが通ってきていた母子療育教室などの場では、当該の組織の事情が優先されるわけで、自分の意思はほとんど考慮されない。ただわたしは、そのような場であっても、このひとと出会うことになった、わたし（そしてクライエント）にとっての意味を深く考えることが常であった。それは、臨床家としてのわたしの癖といってもよいかも知れない。その癖は心理教育相談室で身についたものである。

このようなところにも、河合隼雄をはじめとしてこの心理教育相談室に携わる指導教官たちの器の大きさと深さを実感させられる。指導教官たちが心理相談の具体的な設定に与っていたとしたら、わたしにはこころの臨床実践はこれほどヴィヴィッドには映らなかったかも知れない。

さて、このような次第で、わたしは臨床家としての自分の力量がどの程度なのかなど、他者評価も含めて知る由《よし》もなかった。ただ、はじめてケースカンファレンスで事例を発表したときのことだった。

ケースカンファレンスでは、発表者のすぐ右、1メートルも離れていない席が河合隼雄の指定席だった。講義室での授業や研究室での個人指導など、どの場面よりも、もっとも身近にその存在を感じることができるその演習授業での発表の機会は、年に1回しかない。それは、1年間のトレーニングを河合隼雄に報告し、そして次の1年に向かおうとする、ある種のイニシエーションのときでもあった。

すぐ身近にその存在を感じながらの1時間あまりの発表が終わった。ひと息つこうとするわたしに、右手から声がやってきた。

あんた、会っていて、どんな感じや？

わたしはとっさに、「しんどいです」と口にして声の方を見やった。そこには、発表資料を見ながら、「そうやなあ」と、感情深い声音で呟《つぶや》く姿があった。

河合隼雄のコメントはそれだけだった。が、それで十分だった。発表が受け容れられたとの実感があったからである。それはまた、門前の小僧であるわたしの、臨床家としての姿勢が受け容れられたときでもあった。だが、わたしの1年目の力量がどのように評価されたのかは、まったくもってわからなかった。ただ、わたしは次に進んでゆける手応えを感じていた。

この日の夜は、目標とする先輩と夜明け近くまで、発表した事例について、とくにわたしの姿勢について語り合った。

話を戻して申し込みのあったその中年の男性と出会ったのは、ケースカンファレンスでの発表が終わって次の年度に入った初夏のころだった。

始まるまえ、わたしはトイレで用を足していた。すると、すぐ隣《となり》にやってきてしきりとわたしを観察するふうのある男がいた。そのときは、その男がこれから相談室で出会う男性だとはつゆ知らず、気色悪さを感じながらトイレを後にした。

予定の時刻になって、待合室をノックして扉を開けてみて、驚いた。トイレで会った男がそこにいたからである。

申し込みの記載では、この男性は、自分の性格傾向について相談したいということだった。話を聴いてみると、それは性にかかわる性格傾向のことだとわかった。つまりこの男性は同性に性的欲求を感じるというのである。

いまでは、性的マイノリティ（ＬＧＢＴＱ）を社会が許容する方向性は明確になっていて、生き方の多様性を社会が認めるようになってきている。ＷＨＯも２０１９年に性同一性障害を「精神障害」の分類から除外している。しかし、その当時の社会では、まったくといっていいほどに受け容れられてはいなかった。つまり性的マイノリティは社会の影の世界で生きることを余儀なくされていたのである。

心理教育相談室でわたしが活動していた時代に、自身の性のことで来談したというのは、この男性を除いて他になかったのではないだろうか。だからといって、性的マイノリティを生きるひとたちが少数だったということではないだろう。自身のそうした性の傾向を周囲に気取《けど》られないように、ひた隠しにしていたひとたちがほとんどだったのではないだろうか。そう思うと、この男性が来談したことには、よほどの思いがこもっていたのだろうと、いまにして強く感じる。

あなたでは、わかりませんよ。

最後にこういい残して、この男性は相談室を後にし、二度と連絡してくることはなかった。

心理教育相談室での大学院生が担当する心理相談は、いってみれば大学附属病院で医学生が臨床実習を行って指導を受けるように、相談を受けて面接をすれば、かならずその報告をして指導を仰がなければならないと決められていた。その場は「インテークカンファレンス」と呼ばれていて、ケースカンファレンスと同じスタイルで行われていた。

わたしもまた、この男性とのことを報告した。すると、河合隼雄は報告を聴いてこういったのである。

あんた、向こうから断ってくれて、良かったな。続けて会っとったら、たいへんなことになっとったかもしれん。

わたしをみやって、ほんのすこし肯《うなず》きながらのことばだった。最初はなにをいわれているのか、よくわからなかった。というのも、インテークカンファレンスでは報告者が引き続き当該の心理相談を続けていくという前提で、継続して会っていくときの留意点が議論されていたからである。だから、中断になって良かったとはまったく予想外のコメントだったのである。

このコメントを何度も反芻《はんすう》しながら、わたしはようやくそれが臨床家の器を教えるものであることに気づいた。河合隼雄は、あなたのその器ではこのクライエントを引き受けることはできない、そうわたしに伝えていたのである。

では、臨床家の器とは、いったいなんなのであろう。わたしには経験が足りなかったのだろうか。とすると、経験を積めばおのずと器はおおきく深くなっていくのだろうか。自分なりに熟考して、自分のこころと対話を重ねて、この男性に会おうと決心したのに、わたしにはまだ熟慮が足りなかったのだろうか。しかしそもそも、どうして河合隼雄は、この男性にはわたしの器では十分ではないとわかったのだろう。

河合隼雄がおりにふれて口にしていたことがある。それは、目の前の相手（臨床家）が自分のことをわかってくれるかどうかを見極めるクライエントの鋭さである。こころの臨床実践に難渋したわたしに向けて「あんたが読んだ本には、あんたのクライエントは載っとったか？」と語ったこともそうだが、また、クライントとふたりしての道往きに迷いそうになったときに、どちらに進むのかの「答えはクライエントが知っている」とか、「先行きに難渋したときにはクライエントの判断に委ねろ」といった語り口はいまも耳に残っている。この、クライエントを徹底的に尊重しようとする姿勢は、そこに河合隼雄のこころの臨床の哲学をみる思いがするのである。

あるとき、インテークカンファレンスの場で、当該のクライエントにどうしても好感をもてない、嫌悪感があると、報告の最後につけ加えた報告者がいた。

クライエントと臨床家といっても、畢竟《ひっきょう》人間であるから、そこに好き嫌いの感情が湧くのは自然なことかも知れない。しかし、好感をもてないというネガティヴな感情が報告されることは稀《まれ》であった。また、これはこころの臨床実践にかぎらないが、ポジティヴな感情は、その度合いはともかくにして、両者の関係を深めていくことに与っている。したがって、クライエントを好きになれないという場合でも、どこか好感をもてるところはないかと思いを巡らせることも、臨床家になるためのトレーニングとしては重要なことである。当該の報告者も、おそらくそのようにして、さまざまに思いを巡らせたにちがいない。しかし、どうしても好感をもつことができなかったのであろう。

それを聴いて河合隼雄は、報告者にこう尋ねた。

あんたは、このクライエントが嫌いですか？

肯く報告者に向けて、

では、このクライエントが憎いですか？

これには報告者は「そこまでではありません」と答えたのだった。

それならまだやれるでしょう。でも、クライエントが憎いと思ったら、もうやれません。憎しみを抱いてまで心理療法はできません。

いまにしてあらためて思うのであるが、河合隼雄のコメントは自身の臨床家としての体験に深く裏打ちされている。数え切れないほどおおくのクライエントに会ってきた経験が、河合隼雄の口からこのようなコメントを生むのであろう。徹頭徹尾、臨床家であったからこそ、次の語りもまた、生まれたのであろう。

臨床をやらなくなったら、臨床について語ってはいけません。

このようにして、クライエントと出会い、事例を聴き、人間を知ろうとする体験が積み重ねられていった。それは、臨床家になるために、もっとも重要なトレーニングだった。

こうちゃんとのこともそうだし、子どものころに出会った傷痍軍人も同和地区にくらしていた友だちも、わたしの人生のなかで出会ってきたひとたちは、それぞれがわたしにとっては事例（物語のプロット）なのである。すべては「人間性の探求」の方向に位置づけられるからである。そのような、一つひとつの事例は、わたしにとって、いまも光を失わずにいるかけがえのない人生の体験なのである。

これは後年になって、医療人類学の世界的権威であるアーサー・クラインマンと出会い教えられたことである。人生途上でひとはみな、予期せぬ事態に見舞われるが、そのときひとはなにを拠《よ》りどころにして生きていくのか、そのことの探求が人生の物語となっていく。

医師からがんの告知を受けたとき、大震災でかけがえのない家族を喪《うしな》ったとき、津波でなにもかもが流され呆然《ぼうぜん》自失したとき、交通事故に遭って生涯消えない傷を負わされたとき、夫に暴力をふるわれたとき、夫の不倫を知り人生に絶望したとき、学校でいじめに遭ったとき……。そのような、望んだわけではまったくないのに、人生に暴力的に侵入してくる、日常のくらしを一変させるできごとに見舞われたとき、ひとはいったい、なにを拠《よ》りどころにして生きていくのであろうか。

そのようなことが、こころの臨床のなかで語り手から打ち明けられていく。その語りや表現をとおして臨床家とのかかわり合いが生まれ、その交流がひとつの物語となっていく。この意味で、こころの臨床実践の場はまさに語り手にとっての拠《よ》りどころであり、語り手をとおして、臨床家そのひとの人生の一隅が照らされ、その人生の物語が活性化するのである。

当時からこのように考えていたわけではない。そのときは、ただひたすら語り手の語りを聴くことに一心不乱だっただけである。そして、語り手たちがこの世に生まれてきたことの意味、語り手と出会ったことのわたしにとっての意味、語り手と社会・世界とのかかわり合い、生きる／死ぬということ……。こうしたことにただひたすら思いを巡らせていただけである。いずれ科学的に答えが出せるテーマではない。したがって、思いを巡らせることにゴールはないし、たったひとつの正解があるわけでもない。

では、ここからは、こころの臨床実践を積み重ねるなかで出会ってきた印象深いことがらについて記していきたい。

第8章　接ぎ穂のひと

1　ある女性との出会いのまえに

大学院での5年間、まさに臨床づけの毎日が続いた。そのあいだ、数多くのかけがえのない出会いがあった。一つひとつの出会いが臨床家になろうとするわたしを鍛えてくれた。こんな出会いがあった。

大学院に入学して間もないころ、心理教育相談室に20歳そこそこのある女性が相談にやってきた。人間関係がうまくいかないというのである。「どういうことでこられましたか？」という初回の定型句を口にして、わたしは、ときおりじっとこちらを見つめながら、礼儀正しい居住まいで淡々と話をするこの女性と向き合っていた。

心理相談は、週に1回、50分という決められた枠のなかで行われる。毎週月曜日、10時から10時50分といった具合である。どの部屋で会うのかも基本的には決まっている。相談中、部屋にはクライエントとわたしだけがいて、他には誰も入ってこない。秘密が完全に守られる時空間である。終了の時間が来ると、規定の料金の授受が行われ、次回を約束して終了する。その

第1回目、初回にこの女性と会うことになったのである。

なにごともはじまりが肝心だとか、はじめよければ終わりよしという諺《ことわざ》のとおり、心理相談も初回はとてもたいせつである。ほとんどまったく白紙の状態から、どのような悩みを抱えているのか、その悩みは日常生活をどれくらい脅《おびや》かしているのか、きっかけはなんだったのか、などなど、焦らずに丁寧に聴いていくことによって、そのひとの置かれている全体像を把握していく。そして、お互いに継続して相談を続けようという気持ちを共有できるかどうかを推《お》し量っていく。クライエントにしてみれば、この相手《ひと》にだったら話ができそうとの感触、わたしであればこのひとと続けて会っていきたいとの気持ち、双方がそうした感覚をもつことができたとき、継続を約束して初回が終わる。説明すれば簡単なのだが、実はとてもむずかしい。考えてみればひとりの人間の「生きる」にかかわるわけだから、簡単であるはずはないのである。

医療や介護、福祉の領域など、ひとにかかわる専門職は数多いが、心理相談ほど初回がもっともむずかしいものはないのではないだろうか。一般に、専門職それぞれにおいて、初回に確認しなければならないことのリストは箇条書きにできるのだけれども、心理相談の場合は、たとえば血圧を測ったり血液検査をしたりなど、あらかじめリスト化できる要素はほとんどなにひとつないといっても不思議はないからである。目の前にいる悩みごとを抱えたひとは、そのひと固有のテーマを抱えてやってくるため、踏まえておくべきことはそれぞれに異なっている。さらに、相手もまた、この相手《ひと》に話しても大丈夫だろうかと慮《おもんぱか》っている。たとえあらかじめ箇条書きのリストが用意できても、それに応えてくれるかどうかは、ひとえにクライエントそのひと次第であり、そのひとに向き合う臨床家次第なのである。そこには、クライエントと臨床家の関係という強力な要因が働いている。

臨床家の立場からすると、ひととかかわる他の専門職は科学的結果に注目しすぎるために、目の前にいるひとがいまどんな気持ちでいるのかに気づきにくくなっているのではないかと感じることがおおい。そんなことに気づかなくても検査数値がわかればそれで治療方針が立てられるから問題はないというひとは、その治療方針への同意がなければ先に進めないことを肝に銘じておく必要があるだろう。医療の領域でインフォームド・コンセントと呼ばれるそれは、医師が患者の病気や治療方針の説明をし、患者がそれを承諾し、両者が合意して治療に臨《のぞ》むプロセスのことである。これも説明は簡単だが、その実際はとてもむずかしい。患者一人ひとりによって大なり小なり感じ方や考え方はちがうわけで、その機微《きび》を理解したうえで説明しなければ承諾に到らないこともすくなくないだろう。医学的・科学的結果はもちろん重要だけれども、その結果を医療に有効に活かすためには、やはり患者と医療者の人間関係がたいせつになってくる。けれども、医療や福祉に携わるひとたちはそうした側面のトレーニングをあまり受けてきていない。

この点で、わたしは思うのだが、臨床心理学の実践トレーニングのひとつであるロールプレイを医療や福祉の領域に取り入れてはどうだろうか。ふたりひと組になって、患者と医療者それぞれの役割を演じてみる。医療者に従順な患者やモンスター患者の役を演じてみる。丁寧に説明をする医療者や上から目線の医療者の役を演じてみる。そのときどんな気持ちがするのか、味わってみる。そうすることで、相手の気持ちを理解しようと試みてみる。およそ科学的ではないけれども、ひとの痛みや苦しみ、辛さを体験的に実感することができるだろう。そのように実感することで、科学とは別の景色が見え始め、科学とはまた別のかかわりが生まれるのではないだろうか。

2　こころの内なる声を聴く

さて、人間関係の悩みを抱えてやってきたその女性は、家族や職場での自分の言動とか、そこで気になったこととか、どうしてもうまくいかないひとのことなどを丁寧に語ってくれた。ときおりじっとこちらを見つめるまなざしは、貫くように鋭かった。ことば以上のなにかがこの女性のこころに強くあるような、そんな印象を抱いた。けれども、語りの内容それ自体はとても了解できるものだった。この女性から受ける感覚的な印象と、そのクリアな語りの内容とが、わたしにとっては微妙なギャップとして受けとられた。

そのことにやや戸惑いながらも、このひとの抱えた悩みをこれからともに考えていこうという思いがわたしに湧いてきた。なによりわたしはまだトレーニングを受け始めたばかりで、一《いち》途《ず》に前向きだった。そのようなときは全体が見えず、視野が狭くなるものだ。自分のこころが微妙な不協和音を聴いていたにもかかわらず、そこに耳を傾けようともせずに、ただこの女性の語りの内容だけを頭で理解しようとしていたのである。それは、語りの奥に潜む肉声にはならないこころの声を、この女性の苦悩の声を聴こうとする姿勢ではなかった。

まだたたぬ　波の音をば　湛えたる　水にあるよと　こころして聞け

これは沢庵《たくあん》禅師が詠んだ歌である。これが語り手の語りを聴く奥義であるとして、臨床家の近藤章久《こんどうあきひさ》は、若手臨床家に向けての講演のなかで次のように語っている。

まだ波の音が立たない、その音が立たないうちに、じっとたたえたその水の中に、その音がすでに潜んでいることを聞き取れ、心して聞け、ということを言っています。……中略……西洋ではそれをクライエントが言葉に出して、波の音がざわざわして、荒波が立ちさわぐようになってはじめて、その意味はどういうわけでしょうかと聞き始めるわけですね。今の日本のあなたがたセラピスト（臨床家）はやはり同じ様に、大きな波の音が聞こえるようになって、その波の音を聞いて、何故そんな音がするのかと考え始める。けれども30年くらいセラピー（こころの臨床実践）をやっていますと、多少この趣が変わるのですね。……中略……まだ立たない波がそのうちに立ち始める。波の音は今現在静かなたたえた水の中にあると感取する、そういうことを感じることが必要だと思うのです（（　）内はわたしが付した）。

（近藤章久「将来の精神分析に対する日本文化の寄与」『文化と精神療法／日本人と自然』１９８８年、山王出版）

こころの臨床実践に引き寄せてみると、沢庵禅師の詠む「波の音」というのは語り手の声、「湛えたる水」というのは語り手のこころだといってよいだろう。とすると、まだ発せられていない、こころの内なる声を聴くとでもいえる姿勢が求められると近藤章久はいうのである。しかし、語り手が口にする前にその声を聴くことは、実際には不可能ではないかとも思えるであろう。ただ、語りを聴きながらわたしが感じたあの違和感は、語り（波の音）と、それを語るあの女性のこころ（湛えたる水）とが摩擦する波の動きだったように思うのである。それをわたしは、感じることはできたものの聴くことができなかった。敬愛する近藤章久をして30年なのであるから、見習い同然のわたしには無理なことではあった。

まだこころの臨床実践トレーニングを始めて間もないわたしには、音声として語られたことばだけを受けとめることしかできなかった。この姿勢は、ある意味で目に見えるものを扱う科学の方法といえるものである。それはまるで、電子カルテばかりに目をやり、目の前の患者がなにを考えているのかを知ろうとしない医師の姿勢のようでもある。しかし、当時のわたしはそのことに気づけなかった。それほどに、科学的なモノの見方がわたしに染み着いていたのであろう。

3　物語の覚醒

時間終了が近づいてきた。わたしは口を開いた。

いまお話ししていただいたことについて、これからふたりでいっしょに考えていきたいと思っています。

するとそのひとの視線は、遥《はる》か彼方の遠くの世界から投げかけられたかのようにして、わたしに届いた。そして、居住まいを正してこういったのである。

いいえ、けっこうです。わたしは部落出身者なのです。このことがどういうことなのか、あなたにはけっしてわからないでしょう。

そしてこの女性は、二度とわたしの前には姿を現さなかった。

この女性とのたった1回のかかわり合いのことは、それから10年あまりのあいだ、わたしのこころの深層に眠ったままだった。それは、あることをきっかけにして鮮やかに覚醒《かくせい》したのである。

当時わたしは、「風景構成法」というこころの臨床実践で使用する描画法の研究に勤《いそ》しんでいた。そんなあるとき、この技法の創案者であり尊敬する臨床家でもある精神科医の中井久夫《なかいひさお》から、韓国で開催される国際ワークショップで、風景構成法の代役講演を引き受けてほしいという趣旨の手紙が届いたのである。自身の都合がつかなくなったというのがその理由だった。断れない依頼であることは、当時のわたしにも十分に理解できたのだが、その一方でわたしには韓国は行くことのできない国でもあったのである。当時のことをふり返るこんな記述がある。

韓国に対する想《おも》いは、日本の影を生きた歴史をもつ国、というものであった。過去に日本人が成した行為は、わたしもまた日本人のひとりとして、深い恥辱感・罪悪感としてこころに重く実在していた。不思議なことと思われるかも知れない。戦前や戦時中に生きていたわけでもないのに、どうしてその当時の日本人の行為にそのような感情を抱いたりするのか、と言われるかも知れない。けれども、わたしが日本人であるということを深く想《おも》えば想《おも》うほど、この恥辱感・罪悪感は強くなっていくのである。

（皆藤章『日本の心理臨床4　体験の語りを巡って』２０１０年、誠信書房）

迷いに迷った。その逡巡《しゅんじゅん》の意を中井久夫に手紙に認《したた》めて、渡韓した。帰国すると、労をねぎらう返事が、このような文章を添えて送られてきていた。

あなたのようにお若いひとでも、そのように思うのですね。実はわたしも同じ理由で断ったのです。

軍人として朝鮮とかかわりのあった祖父をもつ中井久夫の物語と、わたしのそれとがクロスした。どちらの物語も当の本人が創ったものではない。それは当人の意思とはかかわりなく与えられたものなのである。そして、たった一度わたしの前に姿を見せたあの女性の出自もまた、本人の意思とはかかわりなく与えられたもの、所与なのであった。

ひとはみな、文化、民族、国籍など、自分では如何《いかん》ともしがたい、規定された物語を携えて生きていかねばならない。何気ない日常を生きているときには、穏やかなくらしであるときには、その物語が照らされることもないだろう。けれども、予期せぬことが、自然災害や未曽有《みぞう》のできごとが起こったとき、その物語は覚醒するのである。そしてひとは、覚醒したその物語を生きていかねばならないのである。

4　わかるということ

この渡韓を経てたった一度だけの出会いだったこの女性とのことが鮮《あざ》やかに浮かんできたわたしは、この女性が差別の物語を生きてこなければならなかった不条理さを思い、その苦悩の声を聴くことのできなかった自分自身を、ふたたび体験し直そうとした。

古《いにしえ》より無数のひとたちの体験をとおして紡がれてきた物語は、DNAに刻み込まれ、受け継がれ、ひとのこころの深層に眠っている。それはちょうど大河の川床《かわどこ》のように、川面《かわも》に浮かぶ舟を漕ぐひとの人生の深奥《しんおう》にあって、普段、ひとはその存在を意識することはない。そうした物語は、個人のはからいを超えて存在しているのである。ところが、それがなにかあることをきっかけにして、突然、そのひとのなかに覚醒してくることがある。こころの深層に眠る物語は、実際に体験して紡がれたものではない。けれどもそれは、鮮やかに覚醒してくるのである。

ここでのわたしにとって、覚醒してきたのは差別の物語である。おそらく、その物語はまずはじめにこの女性との出会いをきっかけにして目覚め始めたのであろう。あのとき聴いた微妙な不協和音はその目覚めの声だったのであろう。たがいの「湛えたる水」のなかに潜んでいた「波の音」の動きだったのであろう。ただ、件《くだん》の女性には、はっきりとその音が耳にあった。けれどもわたしには違和感としてしかふれることができなかったのである。

それから10年あまりが過ぎたあるとき、中井久夫からの手紙をきっかけにして、ふたたびわたしに差別の物語が覚醒してきた。そして、こころの深層に眠っていたこの女性とのかかわり合いが蘇ってきたのである。

わたしのなかで、この女性とのかかわり合いと、小学生のころにはじめてできた同和地区にくらす友だちのことや幼いころに出会ったあの傷痍《しょうい》軍人のこととがつながろうとしていた。それら一つひとつは、わたしの人生の物語のプロットである。そして、中井久夫の物語のプロットが加わり、それらがつながり合って、物語を紡ごうとしていたのである。

そういえばわたしは、とくに理由があったわけでもないのだが、ごく自然に差別の物語に意識を向けてきてもいた。多感な時代には、島崎藤村の『破戒』の主人公、瀬川丑松《せがわうしまつ》の人生のことを考えたり、松本清張の『砂の器』の主人公、和賀英良《わがえいりょう》の人生のことも考えたりした。近代化の裏面史を扱う歴史のドキュメンタリー番組に関心を抱いたりもしてきた。臨床家になってからは、ポーランドのワルシャワ・ゲットーやオシフィエンチム（アウシュビッツ）、マイダネーク強制収容所跡を訪れたりもした。また沖縄にも幾度も足を運んできた。そうした物語のプロットもまた、まちがいなくわたしのこころの深層でつながり合って物語の創造に与《あずか》っているにちがいない。

あの女性は、自身の出自を話してくれた。そうせずに、耳当《みみ》たりのよいことばを並べてそのままわたしの前から姿を消すこともできたはずである。

どうして話してくれたのだろう？

この問いは、出会ったあのときにも10年ほど前にも、生まれてくることはなかった。そのときは、この女性が語ったことばの衝撃があまりに強かったからかも知れない。一度かぎりの出会いで手の届かない世界に去って行ったことへの無力感があったからかも知れない。いま、この問いを噛みしめていると、そのひとは接《つ》ぎ穂であったように思われるのである。そのひとは、まだトレーニングが始まったばかりの、臨床家というわたしのこころの台木《だいぎ》に、接ぎ穂として、自身の人生の物語の根幹にあるプロットを語ってくれたのかも知れない、そう思うのである。

あれから40年あまりが経った。「あなたにはけっしてわからないでしょう」と、あのひとはいった。あのひとが部落出身者である、そのことがどういうことなのか、わたしにはわかったのだろうか。答えるまでもないだろう。それはわたしにはわかるはずのないことである。いや、わたしだけではなく誰もが、あのひとと同じ体験を生きることはできない。誰かとまったく同じ気持ちになること、同じ体験を生きること、それをわかるというのであれば、誰かをわかることなどできるはずがないのである。そのことを、河合隼雄は共感との関連でこう語る。

実のところ、私は……中略……「本当に解る」、相手の苦しみが「そのまま」感じられるなどということを、共感というのかどうか疑問に思っている。若し、それこそが共感であるとしたら、こんなことは殆んど不可能であり、カウンセリングがそれによってのみ可能というのなら、カウンセリングなど殆んどできないのではないかと思う。相手の苦しみや悲しみが、「そのまま」こちらに感じられるということは、同情の最たるものであっても、共感とは呼べないのではないだろうか。

（河合隼雄「現象学的接近法再考――面接の実際との関連において」
『調研紀要』第20号、2～11頁、1971年）

けれども、ひとは何処《どこ》かでそれを求めてもいる。わかってほしい、わかりたい。そう思っている。ひょっとすると、あの女性も「わかってほしい」と思って来談したのかも知れない。そして、わかってもらえなかったと知り、「あなたにはけっしてわからないでしょう」と告げたのかも知れない。

この「わかる」を巡って、ケースカンファレンスでの河合隼雄のことばが残っている。すこし長くなるがとてもたいせつな内容だと思うので引用してみたい。それは、障害児の子どもをもつ母親の事例にたいするコメントである。

この人（自閉症児の母親）がね、「障害児をもった人でないとわからない、同情あるいはお世辞というのはあるけれど、そうでないものには本当にはわからない」と言うでしょ。でもセラピストは別に障害児をもってるわけじゃないでしょう。そういうことを言われた時に、セラピストはどう感じたかというのがものすごく大事だと思いますね。しようがないではすまないわけです。本当は、その資格がないのに我々はそこに座ってるわけでしょ、だからその資格のなさ（障害児をもたないということ）というのを、セラピストがどれだけ知っているかということです。僕ら、幸か不幸か障害児をもってないからね、このお母さんの痛みをそのまま感じられないです。だから、障害児ももってないのに、もっている人から短刀をつきつけられているのと同じことですよ。これ、ものすごくしんどいことを言っているんです。つまりもう一歩言ったらね、あんた資格もないのによく私の前で話を聞いているなあ、ということと同じことを言ってる。そうでしょ、「資格のある人（障害児をもった母親）とこの間話をしてきました、で、ツーカーといきました」と言っているのは、あなたはツーもカーもいかない、結婚もしてない、子供ももってない、浮気もしてないのに、何にもしてないのに、なんでそこに座ってるんだ、とそのくらい言われているほどセラピストの胸にこたえてなかったら、それは共感にならないんです（傍点はわたしが付した）。

（『河合隼雄語録――事例に寄せて』１９９２年、京都大学教育学部心理教育相談室）

河合隼雄のことばに寄せれば、「あなたにはけっしてわからないでしょう」、そういわれたとき、わたしがどう感じたのかがものすごく大事なのだという。ではあのとき、わたしはどう感じたのだろう。実感をともなってたしかには思い出すことができない。もしかするとわたしは、この女性の話を聴きながら、その悩みに応えることのできる方途を探していたのかも知れない。だとすれば、まったくもって不遜だったとしかいいようがない。なんの資格もないのにあの場に座っていた、その自覚に欠けていたからである。

このひとも、自分の出自について、「なぜ?」と問うても答えることの叶わぬ、所与の人生を生きていた。その途上に、おそらく幾度となく、このわたしのような姿の人間に出くわしてきたのではないだろうか。そのたびごとに、願っても消し去ることなどできない「かなしみ」をこころに秘めて、必死に生きてきたのではないだろうか。それは人間であることのかなしみであったろう。ひとはみな、人間であることのかなしみにふれている。河合隼雄のことばにある「同情あるいはお世辞というのは」、そのかなしみにふれたひとが向ける態度であるのだけれども、それは実は、かなしみからもっとも遠くの、当人の人生の物語とはクロスすることのない場所から発せられるものなのである。だからその声は、当人に届くどころか、そのかなしみをいっそう深くするのである。

ここに引用した河合隼雄のことばは、共感とはなにかを教えるものである。共感とは、学習して覚える技法ではなく、生きてみてはじめて身につく態度なのだと教えている。その態度とは、「一人の悲しい人間と、少なくとも共に歩もうとの姿勢を崩さないものである(河合隼雄『ユング心理学入門』1967年、培風館)」。

そしてこれも、河合隼雄がつとに強調することであるが、共感はつねになにかが生成されるトポスでもあるのである。

真の意味の共感は、両者にとっての新しい発見を伴い、ひとつの創造的な過程となるのである。それは全ての創造的な過程にはつきものの喜びと苦しみとを伴っている。

（河合隼雄「現象学的接近法再考——面接の実際との関連において」『調研紀要』第20号、2〜11頁、1971年）

第9章　生きがいの探求

1　障害と社会

こころの臨床実践トレーニングが始まって数年が経ったとき、児童相談所をとおして、ある身体障害者福祉施設が臨床心理学の側面からの助言を求めているという話が所属の心理教育相談室に入ってきた。

その当時わたしは、児童相談所で療育手帳の判定にも携《たずさ》わっていた。来所する子どもに知能検査や発達検査を行い、その数値を基準に判定を行うというものである。その判定に従って特別児童扶養手当が行政から家庭に支給される。この仕事はわたしにとって、生活の糧《かて》を得るためのものだった。とはいえ、そうと割り切ってできることでもなく、内心複雑な気持ちでいた。

こんなことがあった。あるとき、母親と子どもが療育手帳の再判定に来所してきた。年齢を重ねるなかで発達検査の数値は変わる。このため、療育手帳の判定は定期的に行われることになっていた。検査をしてみると、前回よりもずっと数値がよくなっていたので、こう伝えた。

お母さん、よかったですね。すごく伸びています。前回よりも判定が上がりますよ。

そう話したところ、返ってきたのはこうだった。

そうですか。でも頼みますから前のままにしておいてください。

判定が上がると手当が減額されるというのがその理由だった。

障害の程度に応じて手当の額に幅があるのは、行政としては自然な判断なのだろう。けれども、当の子どもや親にとって、発達の数値が上がったから、よくなったからといって、子育てにかかる出費が減るわけではない。手当は家計全体のなかで、ある一定の役割を担っているのである。そう思うと、母親の申し出は当然のことだったかも知れない。しかし同時に、その申し出は子どもの成長を素直には喜べない母親の思いを体現しているようでもあった。

そのときわたしは、母親にそうしたことばを語らせてしまう背景に、なにか目に見えない圧力のようなもの、ことばを換えれば社会の不条理を感じてしまったのだが、穿《うが》ち過ぎだったのだろうか。

それから40年あまりを経た2020年になって、新型コロナウイルスの感染が日本でも確認され、そののち数年間、感染の様相はメディアなどをとおしくらしの手許に届くようになったのだが、その様相は感染者数の数値をもって表現されていて、一人ひとりのありようが届くことはほとんどなかった。

人間のある側面を数値という客観性を帯びたものによって評価し、理解しようとすることは、社会的にみれば一般的なことであって、そこに別段の問題があるわけでもないのであろう。ただ、そのことによって、数値の奥にある一人ひとりの姿がみえなくなってしまう、一人ひとりの思いや気持ちという個別の体験を考慮することがあまりにもすくなくなってしまうのではないかと思うのである。これもひとつの、近代化が生んだ影といえるのではないだろうか。

その身体障害者福祉施設では、はじめて、心理面からの支援に取り組もうとしていた。それまでは、障害を抱えたひとたちが社会のなかでくらしていけるよう、その障害に応じて身体機能面でのさまざまなトレーニングが行われていた。これからは、そうしたひとたちの心理面での体験も取りあげて支援していこうというのである。

その当時の社会は、まだ身体に障害を抱えたひとたちがくらすには困難な時代だった。車椅子用のスロープが設置されている建物もそれほど多くはなかった。社会事業家の三宅精一《みやけせいいち》が世界ではじめて考案した点字ブロックも、まだ十分には普及してはいなかった。もちろん、いまでも困難はある。福祉政策は、痒《かゆ》いところに手が届いているとはいいがたい状況にあるし、また社会的な偏見・差別も根強く存在している。けれども当時は、それはなおさらのことだった。
先に取りあげた、「やっちゃん」と愛称で呼ばれたその子は、わたしと同時代にこの世に生を受けたのだった。そして、その子の身体には障害があった。脳性麻痺《まひ》。こうちゃんと同じ病名だった。やっちゃんを特別支援学校（当時は「養護学校」との呼称）で担任した向野幾世《こうのいくよ》は、当時の社会の風潮について次のように語っている。

たとえば、からだの不自由な子どもといっしょに遊んでいるわが子を、「病気がうつる」といって連れ去るお母さんがいます。からだの不自由な子どもを指さして、わが子に「悪いことをしたら、あの子みたいになるよ」と話すお父さんもいます。そんなに極端でなくても、町中《まちなか》で出会ったからだの不自由な子どもをジロジロと見たり、笑いものにしたりします。

（向野幾世『お母さん、ぼくが生まれてごめんなさい』1978年、産経新聞社）

子どものころ、わたしも同じ光景に何度も出くわしたものである。やっちゃんの母親は、他の母親から「奥さん、その子、いったいどうしはったんええ」と尋ねられ、「頭から血がのぼってしまい、何をどう答えたかわからなくなってしまい……中略……やっちゃんを抱いて、じっとうつむいていた」という。そして、走るように家に帰って泣き崩れた。当時の社会の風潮、世間の目はこのようだったのである。

ポストモダンなどと呼ばれるいまの時代。多様性を謳《うた》うこの時代。社会は排除・差別から共生・共存の時代に入っているといわれる。けれども、実際はどうであろうか。

すべての人間は、生れながらにして自由であり、かつ、尊厳と権利とについて平等である。人間は、理性と良心とを授けられており、互いに同胞の精神をもって行動しなければならない。

（「世界人権宣言」第1条、1948年制定）

70年以上を経たいまの社会に、ほんとうにこの宣言の実現をみることができるだろうか。

2　えっちゃんとの出会いのまえに

　さて、話を戻して、その施設にある身体障害を抱えた子どもとその母親のための相談室の活動のなかに、心理面での支援がはじめて組み込まれることになった。どのような経緯でそうなったのかはわからないのだが、当時としては画期的だった。同時に、前例のない取り組みであるがゆえに、先例はなく試行錯誤を余儀なくされてもいた。

　大学附属の心理教育相談室では、クライエントの来談は基本的に週に1回だったが、この施設での子どもと母親の来室の頻度は週に数回だった。受け容れは母子療育教室と同じで、一日に数組の母子がやって来るスタイルだった。ただ時間は、これまでわたしがトレーニングを受けてきた50分よりも遥《はる》かに長く、昼食を挟《はさ》んで数時間に及ぶものだった。

　子どもには専門の指導員が一対一で付いて、プレイルームで機能訓練などを行って、社会のなかでくらしていくスキルを身につけるトレーニングをする。その間、母親は別室で、これも専門の指導員によるグループカウンセリングに参加する。障害を抱えた子どもとともに、社会のなかでくらしていくスキルを身につけるための相談・話し合いをするのである。

　お昼になると、母親たちはプレイルームにやってきて、子どもたちがテーブルを囲んで指導員と昼食をともにするのを見守り、みずからも食事を摂る。それが終わると、これもプレイルームで指導員と母子が一緒になって歌を歌ったり、指導員のピアノ演奏に合わせて楽器を奏《かな》でたりと、楽しいひとときを過ごす。

母子が家路に着くのを見送ったあとは、指導員によるカンファレンスの場がもたれ、その日のできごとを話題にしてより良い支援の検討がなされる。このようなメニューが週に数回、くり返されていたのである。

わたしに依頼されたのは、これらの流れに自由に乗りながら、臨床家として気づいたことを話して欲しいというものだった。母親にはわたしのことを「心理の先生」と紹介してある、とのことだった。

こうした施設で仕事をするのがはじめてだったわたしは、自分にできるのかどうか不安だった。はじめはこう思っていた。障害を抱える子どもをもつ母親は、さぞかしくらしに疲弊しているることだろう。日常のくらしで、ままならないこともたくさんあるだろう。身体の障害についての専門知識はわたしにはないから、そこは指導員に任せて、わたしはおもにくらしのむずかしさや子育ての苦労などの話を聴いていくことにしよう。

そうしてわたしは、「えっちゃん（仮名）」と愛称で呼ばれる子どもと、その母親に出会うことになった。えっちゃんのことは、かつて「ジン（仮名）」と呼称して取りあげたことがある

（皆藤章『生きる心理療法と教育――臨床教育学の視座から』1998年、誠信書房）。それから20年以上が経ったいまここで、えっちゃんとして、ふたたび語り直してみたい。

3　えっちゃんと出会う

えっちゃんは、生後1か月のときに細菌性髄膜炎に罹《かか》ってその後遺症があります。それに……。

指導員の説明は続く。

脳性麻痺とてんかんがあります。目はまったく見えません。全盲です。いまは2歳で、はじめてのお子さんです。えっちゃんのとこは週に3回の通所になります。

母親が授かったはじめての子ども、えっちゃんは最重度の障害を抱えていた。そのことがいったいどういうことなのか、わたしにはわからなかった。ただ、病名と事実が情報として頭に入っただけだった。説明を聴きながら、とにかく気持ちを前向きにして会わなくては、と思った。最重度の身体障害という事実はわたしには重かった。その子どもを抱えて生きる母親をイメージすると重苦しい気分になってしまった。それは、実践トレーニングを始めて間もないころに出会ったあの女性が、自分は部落出身者だと語ったときに、わたしに覚醒《かくせい》した差別の物語に、どこかつながっていくようなこころの流れだった。あの接《つ》ぎ穂を受けたときのなんともいいようのない痛みやかなしみにふれていきそうな流れであった。気持ちを明るく前向きに、この母子に会おう、このときそんなふうに思ったのは、どこかでそうした流れに抗《あらが》おうとした自分がいたからかも知れない。きっとまだ、そこに飛び込み向き合うのではなく、そこから逃げたい自分がいたのだろう。

えっちゃんたちがやってきた日、職員や指導員とともに玄関口に急ぐ。職員たちが「おはようございます」と元気に声をかける。誤解を怖《おそ》れずにいうなら、職員や指導員もみな差別や偏見という目に見えない力に圧迫されていたのかも知れない。だから、気をしっかりもとうとしていたのかも知れない。それをいたずらなヒューマニズムだと揶揄《やゆ》する向きもあるかも知れない。でも、それでいい。実際のところ、そうする他なかったのだから。

玄関口でえっちゃんを抱いた母親は、私たちの挨拶《あいさつ》を受けて、無言のまま刺すような醒《さ》めた視線を向けてきた。それはまるで、きれいごとで踏み込んでくるな！　とでもいうかのようだった。私たちとはちがう世界にくらしていること、だから簡単には折り合うことができないこと、そうしたことを伝える視線のように感じられた。えっちゃんを授かってからの2年間に生まれた、私たちの想像の遠く及ばない過酷な体験が、その醒めた視線を母親に授けたのだろうと感じた。

相談室に案内された母親は、ここでのシステムの説明を指導員から受ける。淡々としている。通常であれば経験することのないところに足を運んで、母親は幾度となくこういうオリエンテーションを受けてきただろう。それはきっと、えっちゃんがお腹のなかにいるときには、考えもしなかったシチュエーションだっただろう。この引き返せない現実に向き合う母親の心中に思いを馳《は》せてみる。福祉の紹介を受けたからといって、なにもわざわざここに辛い思いをしてまでやってこなくてもよかったのではないか。そんな邪《よこしま》な思いがこころをよぎる。

プレイルームに移った母親は、えっちゃんを降ろす。えっちゃんはまだ首が据わっていない。まったくといっていいほど動かない。おそらくえっちゃんは、自分の置かれた状況をわかっていないだろう。なにを感じ考えているのだろう。2歳ならもう片言を口にしてもいい時期だろう。なのに、まだ首も据わっていないし目も見えない。しかもほとんど動かない。わたしはいったい、この母子になにをすることができるのだろう。心理面での支援といって、なにができるのだろう。まったくわからなかった。寄り添うとか支援、指導などとかいったことばは、まったくこの現実にそぐわない、太平楽《たいへいらく》を並べたものに感じられた。

えっちゃんと母親は、週に3回、遅刻することなくやってきた。そして毎回、型どおりのメニューをこなして帰って行った。

ある回、プレイルームでえっちゃんとかかわっていた指導員が、えっちゃんのお腹を指で軽く突きながら、わたしにこういった。

えっちゃんね、こうして刺激を与えても反応しないんですよ。こんなえっちゃんの心理はどういうものなのでしょう。先生は専門家だからご存知でしょう。

胸をえぐられる思いがした。その指導員は、わたしには答えられるはずがないとわかっていただろう。誰にも答えることのできない問いだと知っていただろう。でも、その問いを口にせざるを得なかった。その気持ちが伝わってきて、胸が痛くなった。そして、居場所を失った思いがした。心理面からの支援など、できるはずもない。なのに、ここに居る。はたしてわたしは、ここに居る意味があるのだろうか。

4　生への身悶え

わたしは一気にこうちゃんとのときに引き戻された。なにもできない無力な自分が、それでもそこから物語を創り上げていこうとしていた自分を、出会ったことの意味を探求しようと必死だった自分を痛いほど思い出した。

どうしてわたしではなくこうちゃんなのか？　そう問うた自分がふたたび戻ってきた。

あのときを経てわたしは、ハンセン病者を前にして「なぜ私たちでなくあなたが？」と自身に問うたひとがいたことを知った。そして、ハンセン病者は自分の代わりになってくれたのだという、神谷美恵子の思いにふれた。けれどもあのときのわたしは、こうちゃんが自分の代わりになってくれたのだという思いは、湧《わ》いてこなかった。いまわたしは、どうしてわたしではなくえっちゃんなのか？　と、首の据わらない、刺激にたいする反応がとても鈍くてほとんど動くこともない2歳の子を前にして、そう問うている。いまはどうなのだろう。えっちゃんは代わってくれたのだ、そう思うのだろうか。

わたしはここでも、そのようには思わなかった。障害を背負ったことで身につまされる、この世に溢《あふ》れる理不尽や不条理は、かつては、そうした人たちを排除・差別の論理で社会の片隅に追いやってきた。わたしは追いやられた側ではなかった。それは僥倖《ぎょうこう》だったといえることなのだろうか。それでいいのだろうか。どこまでも、そうした人たちのことを他人《ひと》ごととして済ませてしまっていいのだろうか。しかし、そう思ってみても現実には自分はそうではない。いったい、どう考えていけばいいのだろう。人生の航路の羅針盤をどう方位づければいいのだろう。神谷美恵子はけっして他人《ひと》ごとではないという。自分もまたそうなる可能性を宿した人間なのだという。でもあのとき、わたしはそのようには思わなかった。あのときのわたしは、ただただ、これから先、どうしていけばいいのだろうかと、かろうじてそう思っていただけだった。わたしは、完全に途方に暮れていた。

この感覚はまた、青年期の多感なこころに抱いた思いに通じている。あの時期、わたしは、「どうして生まれてこなければならなかったのだろう?」との思いに、しばしば身悶《もだ》えしていた。すべてのひとが一度ならず自身に向けたであろう、この問いは、自分の意思でこの世に生まれてきたわけではないという究極の不条理を表現する、人間性の探求の出発点にある問いである。人生の物語の前史である。そこに、ひとそれぞれが自分なりの答えを見出していく航海が、人生といえるのだろう。この意味では、わたしはまだ人生の物語の出発点で身悶えしていたといえる。

5　えっちゃんの母親

回を重ねてなお、えっちゃんの母親ははじめて出会ったときのように、ひとを寄せつけない雰囲気のままだった。ほぼ毎回、相談室のメニューを淡々とこなして、周囲に馴染《なじ》もうとすることなく、帰って行った。グループカウンセリングでもほとんど口を開かなかった。

毎回、帰り際、えっちゃんに機能回復のためのボイタ法の訓練をする。他の母子が帰って静かになったプレイルームで、母親はストップウォッチを手にしながら、えっちゃんにいろいろな姿勢を取らせて刺激を与える。そのときは、えっちゃんはさすがに痛がる。痛みに泣き叫ぶ。その声がプレイルームに響き渡る。指導員たちとともにハラハラしながら遠巻きにそれを見守る。ほとんど動かないえっちゃんが痛みに泣き叫ぶ姿を見て、せつなくなる。けれども、母親はストップウォッチを片手に淡々と訓練メニューをこなしている。その姿のギャップに胸が締めつけられる。ある指導員がそれを見かねて、「手伝いましょうか」と近くに寄る。「ほっといて下さい！」。鎧《よろい》をこころに纏《まと》った硬く冷たいことばに跳ね返されて、当の指導員もみなも、こころが凍りつくようだった。このようなシーンが、ときどきくり返された。

母親がこころを開いていないことは、誰の目にも明らかだった。でも、どうしてそうなのだろう。指導員たちはこの母子をなんとか支援したいと思っている。そのための専門知識も身につけているし、そしてここには設備もある。だから母親はそれらを受け容れて、もっと日々のくらしの悩みや辛さを打ち明けてくれたらよいのに。誰もがそう思っていた。他の母親たちはといえば、指導員にいろいろなことを相談していた。毎日の食事のことや近所づきあいのことや、福祉行政のことなど。そんな話題にときに盛り上がることもあった。でも、この母親はそれを尻目に淡々とメニューをこなしていた。どうしてなのだろう。誰にも、もちろんわたしにもわからなかった。

カンファレンスでは、きまってこの母子のことが取りあげられた。母親がこころを開くにはどうしたらよいのか、そのためにこちらのできることはなんなのか、そうしたことが話し合われた。けれども、具体策は誰にも思い浮かばなかった。日を追うごとに、カンファレンスの雰囲気も指導員たちのこころも重く沈み込んでいった。

指導員たちはわたしに助言を求めてきた。おそらく母親の心理面がおおきな障壁になっているだろう、みなそう思っていたからである。みな、母親のこころの内を知りたかったのである。それはまるで、プレイルームでえっちゃんの心理を尋ねてきた指導員の思いが、そのまま母親に向けられたかのようであった。

お母さんは、こちらがなにをいっても受け容れようとしないんですよ。そんな母親の心理はどういうものなのでしょう。先生は専門家だからご存知でしょう。

わたしは毎回、そのような無言の問いを向けられているのを肌で感じていた。はたしてわたしは専門家なのだろうか。プレイルームで感じた居場所のなさをカンファレンスの場でも痛感することしきりだった。

6　居場所のなさ

ひとは誰しも、自分がその場に意味ある存在として居たいという感覚を、意識するともなくもっているのではないだろうか。その感覚はルールによって保証されていることもある。たとえば、自分が2年3組の生徒であるとルールで決まれば、そのクラスにいる意味はごく自然なこととして保証され受けとめられる。ちがうクラスにいれば居場所のない感じがする。この、ごく自然な居場所の感覚が揺らぐことがある。ネグレクトはその最たるものであろう。クラスのメンバーから無視されることほど辛いことはない。2年3組の生徒なのに、そこに居ることに意味を感じることができなくなるからである。これが居場所のなさである。

当時、わたしは職員や指導員から無視されていたわけではない。心理面での助言者という役割もルールによって保証されていた。けれども周囲は、わたしに尋ねても答えは返ってこない、役に立たない、そう思っているのではないかとわたしには感じられたのである。カンファレンスの場に助言者という意味ある存在として居る、そんな感覚をもつことは、まったくできずにいた。河合隼雄のことばでいえば、わたしは「資格もないのに」その場にいたのである。

そのような状況のなか、わたしはなんとか糸口を見出そうと必死になっていた。えっちゃんと母親は、好奇の目や偏見や差別、そうした視線を世間から向けられていただろう。そのことに思いを馳せたとき、この親子が社会に潜《ひそ》む排除・差別の力に必死に抗《あらが》っている姿が目に浮かんだ。わたしはなんとしても、この親子の生きる意味を見出さなければならない、そんな気持ちで必死になっていたのである。

これはずいぶんあとになってからのこと、京都大学を早期退職するときに編んだ一書に、講座の卒業生が「無用感」という概念を使って論文を寄せてくれたことがある（長谷綾子「ケアに生きる臨床とスーパーヴィジョン――セラピストは無用であることの苦痛にどう持ち堪えるか」髙橋靖恵・西見奈子編『京大心理臨床シリーズ12 いのちを巡る臨床――生と死のあわいに生きる臨床の叡智』215〜240頁、2018年、創元社）。無用感とは、その場にいて用が無いという苦痛の感覚をいう。それは、その場に居ることの意味を失うことにつながりかねない。このときのわたしはまさに、「無用であることの苦痛に、いかにして持ち堪《こた》えることができるのか」という状況にあったのだと思う。またそれは、えっちゃんと母親が置かれた状況そのものでもあったように感じられる。

7　かなしみを生きる

おそらく、どんなに臨床家として成長したとしても、わたしはあの指導員の問いに答えることはできないだろう。えっちゃんのこころがどうであるのかなんて、知ることはできない。指導員にもそれはわかっていただろう。あの問いは、文字どおりの意味ではなく、どんなに力を尽くしたとしてもどうにもならない現実が目の前にある、この現実をどう引き受けていけば良いのか、そういう問いだったのだろう。

どれほど医学や科学が発展したとしても、えっちゃんの障害は消えない。この事実を消すことはできない。母親とえっちゃんには、この事実が刻印されている。この冷酷な事実は母親そして家族の夢を一瞬にして打ち砕いた。もし障害がなければ……、できたかも知れないこと、手に入ったかも知れないもの、けっして分不相応の望みではなく、ごく平凡でいとしい望みや願いたち……。それらがこの事実によって霧散してしまったのである。それらは、二度と手に入らない。このことが母親のこころに深く重く刻印されている。母親とえっちゃんはこの事実から逃《のが》れることはできない。この事実をふたりはいかにして引き受けて生きていくのだろうか。それが、えっちゃんと母親を巡って起こっていることではないか。

わたしも含めて職員や指導員たちは、この母子がメニューをこなして帰途に着けば、目の前から姿を消してしまえば、この現実を見なくて済む。現実から逃れることができる。けれども母親はそうはいかない。わたしが必死になって見出そうとしていた糸口というのは、この事実から、起こっているこの現実から目を背《そむ》けずに、逃れようとせずにいること、そのためにできることはなんなのか、ということだった。その糸口はガイドラインや教科書に載っているようなものではない。いったいなにがあれば、「資格もないのに（河合隼雄）」、それでもなお、この母子の前に居ることができるのだろうか。

ところで、臨床家はこれと似たシチュエーションにしばしば置かれることがある。たとえば不登校の子どもを抱えた母親がわたしにこう尋ねてきたことがある。

先生にはだいたい全部お話ししてきました。で、うちの子は、いったいいつになったら学校に行くようになるのでしょうか。

また、青年期のある女性との心理相談でのこと、時間終了になったので次回を約束しようとするとこういわれた。

こんな大事な話をしているのに、時間がきたからって終わるんですか。おかしくないですか。日常会話であれば、「そのうち学校に行きたくなるわよ」と励ましたり、「たしかに大事な話の最中に時間だからといって切り上げるのはおかしいですね」と同意したりするのかも知れない。同じように、えっちゃんの心理について日常会話で答えるならば、たいていは「この表情を見ると穏やかにしているんじゃないかと思いますよ」などとやり過ごすこともできるかも知れない。

心理相談のなかにはこうした問いかけがしばしばもち込まれる。しかし、それに日常会話で答えることはない。激励も同意も、体裁《ていさい》を装うことも、「同情やお世辞（河合隼雄）」もない。というのは、そうした答えが臨床家に求められているわけではないからである。ここにある現実、それは人間の力では如何《いかん》ともしがたいものなのだ。それを引き受けて生きていかねばならない。その現実のプロットを紡ぎつないで自身の人生の物語を創っていかねばならない。それはいったい、どうすれば可能なのだろうか。

答えはない。人生の物語を創るというのは、なにも自分の力だけでできるものではない。自分の意思や行動だけではどうすることもできないことがあるのだ。そもそも、生まれたことすら自分の意思ではないのである。

たしかに、こちらがなにかを為すことによって状況が変わっていくことはあるだろう。けれども、えっちゃんと母親が生きるこの現実は、指導や助言などで変わるだろうか。心理相談にやってくるひとたちが置かれている現実は、こちらのアドバイスで変わったりするだろうか。それで変わるような悩みごとであれば、すでに解決しているのではないだろうか。すでに受けてきた指導や助言ではどうにもならない状況にあるからこそ、臨床家を訪ねるのではないだろうか。

死ぬほどのことがなければ、ひとは変わらない。

わたしにとっての河合隼雄の名言のひとつだが、それはおそらく臨床家としての体験が語らせることばであるとともに、所与を生きねばならない人間の「かなしみ」をクライエントとともに生きているからこそ口にできることばなのではないだろうか。

なんとかしたいけれどもどうすることもできない現実に見舞われたとき、ひとはときに宗教に救いを見出そうとすることもある。わたしにもそういうことがあった。また、わが子のやっちゃんを脳性麻痺と告知された母親も宗教に救いを求めたことがあったという（向野幾世『お母さん、ぼくが生まれてごめんなさい』1978年、産経新聞社）。

ある単科精神病院でこんなことを体験した。そこで出会った深刻な家族背景と人間関係の深い悩みを抱えていたある青年期の女性が、母親の信仰する宗教に救いを見出そうとしたのである。そのとき主治医は、こういってその女性を諭《さと》した。

あなたのお母さんは宗教で救われたかも知れない。そういうひともいる。でもあなたは宗教では救われないからやめなさい。

この女性は、「先生がそういったので……」と寂しげな表情でそのことをわたしに語ってくれた。主治医のことばがその女性に届いたのかどうか定かではないけれども、それ以降、宗教への指向性は消えていった。

やっちゃんの母親も宗教では救われなかったという。およそどのようなひとが宗教で救われたり救われなかったりするのだろうか。また、「救いとはなにか」というおおきな問いもここにはある。

のちにも語ることになるが、わたしは、カソリックの扉を開ける寸前で、高橋たか子という作家の手になる作品（『装いせよ、わが魂よ』１９８２年、新潮社）に出会い、作品中のことばに生存の答えを得たことがある。一途なカソリック修道者であったこの作家のことばであるから、洗礼を受けたわけではないが、わたしは宗教で救われたといえるのかも知れない。

10年ほど前だろうか、長崎県五島の、あるカソリック教会の扉を引いたときのこと、掲示板に地元の子どもたちが描いた司祭着任の年表や学びの記録を見た。カソリックが連綿とその地に息づく姿がそこにあった。きっとそこでは、信仰をくらしの支えとして生きる人たちの物語が紡がれているのだろう。

8　母親のこころ

えっちゃんと母親の話に戻ろう。

えっちゃんの家はこの施設からバスに乗って1時間ほどのところにある。冬にはかなりの積雪をみる地域である。母親は週に3回、欠席や遅刻もなく抱《だ》っこ紐《ひも》でえっちゃんを抱《かか》え、バスを利用して通ってきていた。施設のメニューや指導員たちの感じがすこしわかってきたのだろう、そのうち母親はグループカウンセリングの場で他の母親の話にときおり口を挟《はさ》むようになった。ただし、協調的な介入ではなかった。

指導員はそのことで困り果てていた。たとえば、ある母親が子どもの食事を工夫して作ったという話をしたときに、「そんなことしてなにになるんですか」と強い否定的な口調で割り込んできたり、また、子育てにもっと参加して欲しいと父親への不満を別の母親が話したときには、「まわりに文句をいったところで、誰かがなにかをしてくれるわけでもない」と吐き捨てるようにいってきたりしたというのだった。

どう対応したのかと指導員に尋ねたところ、みんな頑張っているのだから、その気持ちを挫《くじ》かないように励まし合って欲しいといった内容を母親に話したとのことだった。

でも、そういうと、そんなことしたってなんにもなりませんよって……わたし困ってしまって、どうしたらいいのか……。

そのことばを聴いて、わたしはイライラした。そんなんじゃない、そんなことじゃない。そういう声をこころに聴いた。

そのイライラは、母親のこころにも起こっていたことではなかったろうか。自分の気持ちが、思いが、自分の「生きる」が届かないことへの苛立《いらだ》ちを感じていたのではないかと思うのである。励まし合って欲しいという内容の指導員の語りは、おそらく「同情やお世辞（河合隼雄）」の類いとして母親に受けとられたであろう。豊富なキャリアを積んだ指導員ですらそうしたことばを口にせざるを得なかったのである。事態は負のスパイラルを描いて、予想することのできない極点に向かっているようだった。

そんなある日のこと、グループカウンセリングの場で、ひとりの母親が自分の子どもを保育園に入園させようかどうしようか迷っているという話を切り出してきた。たまたまわたしも、指導員のすこし後ろでその話を聴いていた。加配の保母（現在の呼称は保育士）を付けてもらった方がいいのかしら、と話は続いていった。するとそのとき突然、えっちゃんの母親がこういったのである。

あんたのところはまだましよ、そんなことで悩むなんて。うちの子なんてまったく動けへんし、保育園なんてとんでもない。そんなな、あんたの話なんか悩みのうちに入らへん！

その母親の気持ちを踏みにじるような語気強いことばに、場は静まり返った。ひとつ間を置いて、さらに続いた。

うちの子な、こんな子がいたってなんの意味があるっていうんや。幸せな人生を送れるわけでもないし、ましてや結婚なんてできるわけもない。こんな子、いない方がいいんや！　殺してしまいたい！

そのことばを聴いて我慢がならなくなったのであろう。指導員は、「なにいうてんの！　そんなことをいったらあかんやないの！」と舌鋒《ぜっぽう》鋭く返したのだった。すると、えっちゃんの母親は声を荒げてこういい放った。

あんたには、こんな子をもった親の気持ちなんてわからへんのや、だからそんなことがいえるんや。

指導員のことばは切り捨てられた。まったく、胸が締めつけられる思いだった。

先に引用したが、河合隼雄が取りあげた、自閉症児の母親のことばが想起される。

障害児をもった人でないとわからない、同情あるいはお世辞というのはあるけれど、そうでないものには本当にはわからない。

(『河合隼雄語録——事例に寄せて』1992年、京都大学教育学部心理教育相談室)

えっちゃんの母親のいうことも、この自閉症児の母親のいうことも、まったくそのとおりである。では、そこからどんな一歩を踏み出せるのだろうか。

思えば、こうした母親のことばを、これまでどれほど聴いてきたことだろう。

ある母子療育教室でのことだった。

先生にはこんな子ども、いますか?

ある母親が冷めた表情でこうわたしに切り出してきた。

そう、だったら同じ子どもをもったことのない先生にはわからないですよ。

こうちゃんの母親もわたしにこう尋ねたかったのかも知れない。

また、心理教育相談室でのことだった。

先生はわたしのような目に遭《あ》ったこと、ありますか？

いいようのない苦悩を抱える青年期のある女性が、冷たくそういった。

だったらわたしの気持ちなんてわからないでしょう。

何度もなんども、同じようなことばにくり返し出会ってきた。いったい、ひとは同じ体験をしていなければわかり合うことはできないのだろうか。とするならば、わかり合うこと自体、不可能だろう。ひとは個々それぞれが唯一無二の人生を生きているのだから。たとえ同じ境遇にあったとしても、その境遇での体験は一人ひとりで異なっているのだから。同じ体験をするということはないのだ。それはわかっている。ただ、そうであっても、

あなたにはこんなこと、ありましたか?

そう誰かに尋ねたくなる、そんなときが人生にはやってくる。そして尋ねてしまう。

この問いは、喜怒哀楽すべてに通用するものである。楽しいことや哀《かな》しいこと、腹立たしいことや喜ばしいこと、それらの体験はすべて、誰かに、同じことはありましたかと尋ねることができるものだ。それほどに、ひとはかかわりを、かかわり合いを求めているといえるのかも知れない。ただ、苦痛や苦悩(アゴニー)、そしてその体験を抱えて生きていくことほど辛いことはない。だから、その苦痛や苦悩が、「あなたにはこんなこと、ありましたか?」という問いになってやってくるとき、こちらは、あなたはほんとうにわたしの辛さをわかっているのですかと、刀の切っ先が喉元に突き刺さらんかのような体験を味わうのであろう。それは、わかって欲しいという思いと、わかってもらえるはずがないという思いのあいだの強烈な錐《きり》もみを経て投げかけられる問いである。このような問いに完璧に答えられるひとはいない。ひとは、

どこまでいっても根本的にはわかり合えないからである。またそこに、かかわり合いのかなしさと愛《いと》しさがあるのではないか。これもずいぶんのちになってからそう思うようになったことなのだが。

9　十字架を背負った母親たち

グループカウンセリングでこのようなことがあったその日のカンファレンスでは、えっちゃんの母親に向けられた否定的な発言が場を圧倒していた。指導員たちですら、この母親の言動に耐えかねていたのである。指導員たちは、この母親の言動ほどではないにしても、ここに通う母親たちの冷淡なことばをこれまで数多く聴いてきていた。たとえば、指導員が母親に、「お母さん、○○ちゃん、きょうちょっと歩けたのよ」と声かけしたことがある。子どもの成長を母親とともに喜び合いたいと思った指導員に返ってきたことばはこうだった。

そうですか。でもね、普通に歩けるようになるわけじゃないしね。

こうしたやりとりは日常茶飯事だった。それほどに、指導員は子どもの成長を母親に伝えたいと思い、その一方で、母親は、わが子はどんなに成長しても年齢相応にはならないという否定的な重荷を背負っていた。指導員たちは、その重荷をすこしでも軽くしたいと思いつつも、それには時間がかかるということもよく知っていた。けれども、その指導員たちですら、えっちゃんの母親にたいしては否定的で批判的だったのである。とくに、「殺してしまいたい！」ということばは決定的だった。指導員は、そんなことばを放たねばならないほどに苦しんでいる母親の方に思いが向かうのではなく、いってはいけないことばをいったというふうに、ことばの方に反応してしまったのだった。指導員は、目に見えない母親のこころにではなく、たしかに耳にしたことばに囚《とら》われてしまった。

「殺してしまいたい！」。このことばに、受け入れがたいもの、幸せな未来を思い描くことのできないものは排除してしまいたいという母親の悲痛な呻《うめ》き声を聴く。プロローグに述べたあの女性のことばがきこえてくる。そしてまた、このようなことにまつわる悲惨な事件がいまもあとを絶たないことに思いが向かう。ここにも排除・差別の思想が呼吸している。そして同時に、その思想を超えてその先の共生・共存へと向かおうとする指導員たちの切なる声を聴く。偏見や差別によって社会の辺縁へと追いやられたひとたちが背負った苦難の重荷、それは近代という時代が背負った十字架でもあるだろう。えっちゃんと母親、そして指導員たちに、その十字架を背負った姿を見る思いがするのは、わたしだけではないだろう。

母親のこのことばを不謹慎だとか不道徳だとかいう倫理観のもとに否定することは、わたしにはできなかった。同じ場にいた他の母親たちはどうだったろうか。尋ねたわけではないので想像でしかないが、おそらく胸をきつく痛めたのではないだろうか。それも我がこととして。この施設に通う母親は、程度の差はあるにせよ、似たような思いをしてきたことだろう。わが子の誕生をこころ一途に喜べた親はすくなかったかも知れない。おそらくたくさんの葛藤や修羅場を潜《くぐ》ってここまできたことであろう。数々の修羅場を経て、ようやく自分なりに納得して苦痛や苦悩をなんとか封印してきたことだろう。だからこそ、えっちゃんの母親の叫びに、あのときの自分のことばを聴いたのではなかっただろうか。修羅場のあのときのことが思い起こされて胸が締めつけられたのではなかっただろうか。

10　耐えるということ

カンファレンスの場で、えっちゃんの母親にたいする指導員たちの否定的、批判的な意見をひととおり聴いたわたしは、ある決意をもって指導員たちにこう切り出した。

えっちゃんのお母さんが、欠席も遅刻もなく通ってきていることは知っていますよね。雪が積もってバスが遅れる、そんなときでもお母さんは遅刻をしていません。抱《だ》っこ紐《ひも》で首の据わっていない2歳のえっちゃんを抱《かか》えるのはたいへんなことだと思います。バスのなかでは、他のひとたちからの好奇な視線に晒《さら》されたり、気休めのことばを受けたりすることもあったかも知れません。それでも欠席も遅刻もありません。そのことには、とても深い意味があると思います。お母さんの強い思いがあると感じます。

きっとお母さんは、そんな日常を過ごしながら、自分がえっちゃんを授かった、そのことの意味を考え続けているのではないでしょうか。まだ答えは見つかっていないでしょう。このお母さんの体験は、えっちゃんとお母さんにとって、計り知れないほどおおきく重く、かけがえのない意味をもっているように思うのです。そんなお母さんをわたしは見守っていきたいし、みなさんとそうしていきたいのです。

なにかを予測して語ったことではない。ただ、そうすることがもっともたいせつなことだと思っただけのことである。

この語りが指導員たちにどのように伝わったのかはわからないが、すくなくとも指導員たちの姿勢は変わっていった。これまで、人間愛に溢《あふ》れるような（ヒューマニスティック）、あるいは感傷的（センチメンタル）だった姿は影を潜《ひそ》めるようになり、代わって一人ひとり芯のとおった、安定した雰囲気を醸《かも》し出すようになっていった。その姿勢はわたしには、懸命に通ってくる母親と子どもの思いを胸にして、一人ひとりがそれに真摯《しんし》に応えようとし始めたように映った。

これは最近、ハーバード大学教授で精神科医のアーサー・クラインマンから聴いたことばなのだが、指導員たちのその姿勢は「耐える」という姿なのだという。それは、可能性をこころに宿しつつも自己を律して生きる姿なのだという。

また、これもいまになってのことだが、わたしはこう思うのである。すなわち、えっちゃんが障害を抱えたことによって母親はこころに重荷を背負うことになった。それは、母親もまた障害を抱えたことを意味するのではないだろうか。その重荷を背負う母親を指導員たちが受け容れようとすることは、それもまたこころに重荷を背負うこと、つまり障害を背負うことになるのではないか、と。

これは、ハンセン病者を前にして、「あなたは代わって下さったのだ」と語る神谷美恵子の意とはすこし異なるように思える。わたしは、自分もまたえっちゃんやその母親のような重荷を背負う可能性があったのだと捉《とら》えようとするのではない。そうではなくて、自分もまたこころにその重荷を背負ったのだと、そう捉えたいのである。もちろん、えっちゃんと母親の現実の辛苦をわたしは体験しているわけではない。この意味では、同じ重荷を背負っているなどとは、とうていいうことはできない。けれども、あのとき、こころの次元では、この母子と同じ重荷を背負う、そのようなひととして生きようとしたのではないかと思うのである。

そのように生きようとすることは、好奇な視線を向けるひとや気休めのことばを口にするひと、無理に笑顔や明るさを振りまくひとからみれば、とうてい理解できない、途方もないことのように映るのかも知れない。けれども、あのときこうして重荷を背負って生きようとしたことは、指導員やわたしにとって、そしてもちろんえっちゃんと母親にとってもかけがえのないときの体験になっていたように思えるのである。

11　変容

耐えるという表現に相応《ふさわ》しい時間が過ぎていった。母親には一見してなんの変化もみられなかった。変化を期待したわけでもないし、それを待ち望んだわけでもない。「きょうもえっちゃんとお母さんはきちんと時刻どおりにやってきた。私たちもきちんとふたりに向き合おう」。ことばにすればそんなふうに、長い時間が過ぎていった。

為すべきなにかがある方が、ひとはまだしも楽である。淡々とメニューをこなす母親にたいして、具体的にはなにもせずに見守ることの方が遥《はる》かにむずかしい。グループカウンセリングの場でのこの母親の語りを、そのまま受けとって聴くことはきわめて忍耐の要《い》ることである。そんな時間が過ぎていった。

2年あまりが経った。そのころになるとえっちゃんには身体面での発達が見られるようになってきた。それに呼応したのかどうかはわからないが、母親もわずかではあるが柔らかい感じを見せるようになってきた。ある日のボイタ法の訓練のときである。えっちゃんは相変わらず痛みに泣き叫んでいた。そのとき、母親は指導員に振り向いてこういった。

ちょっと手伝ってもらえませんか。

硬い表情が和《やわ》らいでいた。

どうしてそんなことが起こったのか、誰にもわからなかった。指導員が補助に付いたのはもちろんのことで、それ以降も毎回、母親のサポートをすることになっていった。いったい、母親になにが起こったのだろう。なにが起こっていたのだろう。その答えを母親の口から聴くことのできた日が、それからまもなくやってきた。

ある朝の玄関口。そこにはえっちゃんと母親がはじめてやってきたときと同じように、指導員たちが「おはようございます」と声をかける光景があった。えっちゃんを抱えた母親もあのときの玄関口に立っていた。だがそこには、刺すような視線も無言で立ち尽《つ》くす姿もなかった。母親は、私たちを見つめて次のようにいったのである。

先生、やっとわかりました。この子がいてわたしがいるんですね。……わたしがいてこの子がいるんですね。こんな、当たり前のことがどうしていままでわからなかったのでしょう。

その姿は、イエスを抱《いだ》く聖母マリアの像に重なって見えた。涙を浮かべる指導員もいた。

それからの母親は、まったくひとが変わったようであった。明るく表情豊かに、えっちゃんはもちろん、他の子どもたちとも接するようになり、グループカウンセリングの場でも他の母親の話に関心をもって、相槌《あいづち》を打ったり助言をしたりするようになっていった。保護者会の役員も引き受けて福祉行政にも向き合っていった。指導員たちもわたしも、この変貌《へんぼう》ぶりには、まったくもって驚くばかりであった。

どうしてこのような変容が起こったのであろう。あの母親のことばには、どんな思いが込められているのだろう。母親もいうように、それは当たり前のことである。その当たり前のことに、わたしも職員も指導員も、みなが感激したのだった。はたして、それは当たり前のことなのだろうか。えっちゃんがいて、母親がいる。それは、えっちゃんがいなければいまの母親はいないということ。母親がいて、えっちゃんがいる。それは、母親がいなければいまのえっちゃんはいないということ。で、母親はこの当たり前のことがいままでわからなかったというのである。いったい、母親になにが起こったのであろう。

これはカール・グスタフ・ユングというスイスの精神科医にして分析心理学の創始者が何処《どこ》かで書いていたのではないかと思う。たしかな記憶ではないので、誰かからの口伝《くでん》かも知れない。ユングは、人間が変わるということ、その変容の旅は、何処かに向かえばかならず出口があるようなものではなく、さながら灯火《あかり》ひとつもたずに暗闇のなかを彷徨《さまよ》う如《ごと》くである、という。このことばは、臨床心理学の実践トレーニングを受け始めたころからずっと、わたしのこころの何処かに置かれていた。そして、おりにふれて、ほんとうにそうだと、これまでそのことばを何度も噛みしめてきた。

たくさんのひとに出会い、おおくの悩みごとを聴くたびに、その実感は強くはなっても薄まることはなかった。ひとは、容易に出口の見つからない迷宮に彷徨うとき、あるいはまた容易に答えの出ない問いにこころ悩ますとき、自分自身では如何《いかん》ともしがたい体験を味わうものである。そこでひとは、自分の力が及ばないことを知る。途方もなく無力な自分を感じる。そのとき、なにかの偶然が働いて、あることがきっかけとなって、そこから抜け出せたり、答えが見出《みいだ》せたりする、そのようなことがある。そんなときには、ホッと胸をなで下ろす。それとともに、人為を超えたなにかの計《はか》らいがあったのではないかと思ったりもする。そうしようと思ったわけでもないのに、気がつけばそうなっていたということも起こったりする。

えっちゃんの母親になにが起こったのかは、わからない。けれども、「やっとわかりました」とのことばからは、この母親がえっちゃんを授かってからずっと、たしかになにかを知ろうとし続け、もがいてきた、そのことがうかがい知れる。わたしは思うのだが、その母親のプロセスは、ユングがいうように、おそらく灯火《あかり》ひとつもたずに、手探りで、暗闇のなかを彷徨う体験だったのではないだろうか。

灯火《あかり》はあるに越したことはない。たとえば、福祉サービス、指導員たちの支援、家族や周囲の励まし……。そうしたことは灯火《あかり》にはならなかっただろうか。たしかに、それらは助けにはなっただろう。ときにそれらを受け容れることもあったかも知れない。けれどもそれらは、母親をゴールまで導いてくれるものではなかった。もちろん、人生にゴールがあるのかどうか、あるとすれば何処にあるのか、そんなことは誰にもわからない。辿り着いたと思ってもそこがゴールではなかったことなど、いくらでもあるだろう。灯火《あかり》は、それをもつひとをゴールまで導くものではなく、そのひとの足下を照らすものなのである。それだけでしかないともいえるだろうし、それだけでも勇気づけられるともいえるだろう。どのように受けとるかは、そのひと次第である。しかし、たしかにいえるのは、人生をゴールまで導く灯火《あかり》など、誰ももってはいないということである。

ただ、わたしは思うのだが、ほとんどのひとはゴールまで導く灯火《あかり》があると錯覚しているのではないだろうか。えっちゃんの母親もそうだったのかも知れない。はじめて子どもが授かるとわかったとき、不安と喜びがない交ぜになっていたそのこころには、子どもという希望を囲んだ家庭の未来が、幸せな未来が思い描かれたのではないだろうか。そのような灯火《あかり》を手にしたのではないだろうか。それは、ひととして自然なことである。けれども、授かった子どもには障害があった。このとき母親は、もっていた灯火《あかり》を消さざるを得なかった。思い描いた未来とは異なる現実を生きていかねばならなくなったのである。この現実を生きていくための灯火《あかり》を探し求める旅が始まった。そして母親は痛感したのではないだろうか。えっちゃんの母親として生きるという自身の人生を代わってくれるひとやモノは、この世になにひとつとしてない、ということに。えっちゃんの母として生きるのは、他ならぬこの自分しかいないのだ、ということに。

12　生存理由

わたしもまた、同じだった。

わたしの原点の物語に登場してきたあの家庭教師先の中学生と母親、河合隼雄、こうちゃん……。印象深いこれらのひとたちはわたしにとって一隅を照らすひとたちだった。これらのひとたちはわたしにとっては灯火《あかり》だったのである。それらに導かれるように、わたしは人生の物語を紡いできた。けれども、それらはわたしの人生をゴールまで導くものではなかった。

このことに、わたしはなかなか気づくことができなかった。とりわけ、河合隼雄という存在がおおきかっただけに、なおさらだった。わたしの人生を生きるのはわたししかいない。この、当たり前のことが長いあいだ、わからなかった。もちろん、理屈として頭ではわかっていた。そうではなくて、生きる手応えとしてそれを実感することから背中を向けてきたように思うのである。

結局のところ、生きるということは、わたしの人生は、他の誰でもないわたしが創っていくものなのである。人間はそれぞれが無二の個なのだから。

それはまた、わたしという個を強烈に実感することだった。そして、その実感は孤独とともにやって来たのである。わたしの外部の誰も、なにも、わたしの「生きる」の全体を支えてはくれない。そんなモノは、そんなひとは、この世にはいないのである。人生の物語を創るというのは、なんと辛く苦しい、そしてかなしいことであろうか。

母親は、「やっとわかりました」という地平に辿り着いた。えっちゃんとふたりして生きることの意味を掴んだのである。それはふたりしての「生きがい」の生成といえるのかも知れない。えっちゃんは母親の「生きがい」となり、ふたりしてのくらしは「生きがい感」を体験するものとなったのである。

ここで、神谷美恵子のことばに耳を傾けたい。

> 「生きがい」ということばは、日本語だけにあるらしい。……中略……それは……中略……フランス語でいう存在理由《レーゾン・デートル》とあまりちがわないかも知れないが、生きがいという表現にはもっと具体的、生活的なふくみがあるから、むしろ生存理由……といったほうがよさそうに思える（傍点はわたしが付した）。
>
> （神谷美恵子『生きがいについて』１９８０年、みすず書房）

ところで、いったいぜんたい、どのようにしてこの母親は「生きがい」を、「生存理由」を見出していったのであろう。指導員やわたしは、灯火《あかり》でしかなかった。その灯火《あかり》に照らされながら生き抜いた、いつ終わるとも知れないとき、何処に続くのかもわからぬ歩みのその行き着くところに、生存理由があった。ふたたび、神谷美恵子のことばにふれてみたい。

生きがいをうしなったひとが、もし忍耐を持つことができれば、長い時間の経つうちには、次第に運命のもたらしたものをすなおに受け入れることができるようになるであろう。避けることのできないものはうけ入れるほかはないという、いわばあたりまえのことを、理くつでなく、全存在でうけとめるようになるであろう。さらにそういう苦しみや悲しみとともにどうやって暮して行ったらいいか、というすべを身につけ、場合によれば、ニーチェのいう「運命への愛」amor fatiすら自然に心のなかに芽ばえてくることもあろう。それは長い、苦しい「荒野」での道程である。

（神谷美恵子『生きがいについて』1980年、みすず書房）

当たり前のことを全存在で受けとめる。わたしは思うのだが、そのときに「たましい」がはたらくのではないだろうか。

若いころ、臨床とは死に逝《ゆ》くひとのたましいの世話をすることだと河合隼雄から教えられた。では、たましいとは、いったいなんなのだろうか。いまわたしは、こう思う。それは、当人も知らないところで、そのひとの生のすべてを根底において支えるなにかである、と。えっちゃんの母親に起こったことは、そのたましいの働きだったのではないだろうか。たましいが、母親の生を支えたのである。その体験は、障害を抱える子どもとともに生きることの意味を、生存理由を、母親の存在全体に染み渡らせるようなものだったように思われるのである。

えっちゃんの母親にこのようなことが起こる2年ほど前、母親はえっちゃんを「殺してしまいたい！」といい放ったことがあった。

思わず知らず口に出たのかも知れないが、そのような思いはこころの何処かにあったのであろう。このときの母親はえっちゃんをいとしいとは思えなかった。えっちゃんは生きがいではなかった。それどころか憎悪の対象であったかも知れない。この子がいなければもっと穏やかな人生が送れるのに、と思ったかも知れない。自分の子どもを殺したいと思う、それはそうとうなことである。

ここで、訶梨帝母《かりていも》（鬼子母神）の物語が思い起こされる。この鬼神は500人とも1000人、それ以上ともいわれる自分の子どもたちを育てるエネルギーを得るために、たくさんの人間の子どもを捕らえて食べていた。そのため、人間から怖れられていた。その鬼神が釈迦の説諭に従って三宝（仏・法・僧）に帰依《きえ》し、以来、子授け、安産、子育ての神となったという。

この物語を想起したのは、「殺してしまいたい！」と叫ぶ母親に、周囲はさながら鬼を垣間見たのではないかと感じたからである。もちろん、母親が鬼であったわけではない。母親のことばに、こころの深層に潜《ひそ》んでいた鬼が蠢《うごめ》き始める気配を周囲が察知したのではないかと思ったのである。この鬼は、母親のこころにも、周囲の人たちのこころにも、ひとしく眠っている。その蠢きを鎮《しず》めようとして、指導員は母親を諭《さと》そうとしたのではないか。「なにいうてんの！　そんなこといったらあかんやないの！」、と。

鬼神は釈迦の説諭に従った。それは、鬼神の最愛の子どもピンガラを隠されたために半狂乱になった鬼神が、釈迦に助けを求めたからである。たくさんの人間の子どもを殺して食べる鬼神にたいして釈迦は、自分の子どもをたったひとり失っただけで半狂乱になるほどの苦しみに喘《あえ》ぐのであれば、たったひとりしかいない子どもを失った人間の母親の苦しみはいかばかりか、と諭したのである。

釈迦は鬼神に母性の二面性を説いた。母性のために人間の子どもを殺して食べ、母性の故《ゆえ》にわが子の喪失に嘆き悲しむ。この母性の表裏一体を鬼神は知ったのである。

あのグループカウンセリングの場で、「殺してしまいたい！」という母親のことばによって、周囲は母性の非道な一面を知ることになった。しかし、その裏面に潜むもうひとつの面に気づくことができなかった。その母親が、けっして遅刻も欠席もなく通所し、くる日もくる日も子どもに食事を与え、着替えさせている。子どもの世話を一心不乱にしている日々を重ねているというもうひとつの側面である。それは、母であることの苦痛や苦悩、かなしみである。それを教えるえっちゃんの母のことばがある。

あんたには、こんな子をもった親の気持ちなんてわからへんのや、だからそんなことがいえるんや。

こうしたことが起こってから、えっちゃんと母親に向き合っていく2年あまりのときを指導員たちは生きた。それは、わが子を殺してしまいたいと思うひとが母親になっていこうとするときを生きることでもあった。それは、母であることの苦痛や苦悩、かなしみをそのひととともにすることであっただろう。えっちゃんの母として生きるその人生を代わることはできないにしても、できることならその人生のほんの一隅を小さく照らす灯火《あかり》になろうとする姿であった。そこには、母であるが故に生きねばならない、その人生を抱えたひとりの苦痛と苦悩に喘《あえ》ぐ愛《かな》しいひとと、そのひとと出会った縁《えにし》を、そのひととともに生きようとするひとたちとのかかわり合いがあった。行く先とてわからぬその彷徨《ほうこう》はまさに、人為を遥《はる》かに超えたなにかの計らいに身を委ねようとする、たましいのはたらきを待ち望んでやまないときの体験だったであろう。このときを経て、わが子を殺してしまいたいほど憎んだ母親の、その深奥にあるかなしみが、「この子がいてわたしがいるんですね。……わたしがいてこの子がいるんですね」という当たり前の事実を、愛《いと》しい現実へと変容させていった。
えっちゃんがいる。わたしがいる。このふたつのプロットが深い愛情でつながった。それは、この母親の、障害のあるわが子を抱えて生きる物語が新たに展開していく瞬間であった。その場にいた誰もが、この、事実が現実へと変容したときを味わったのである。

えっちゃんと母親とのかかわり合いは、わが子が障害を抱えたという事実を、母親に体験し直させることになった。「この子がいてわたしがいるんですね」とのことばは、えっちゃんという障害を抱えた子を授かってはじめて、みずからもその障害を抱えて生きる体験を味わう自分がいた、ということを物語っている。「わたしがいてこの子がいるんですね」とのことばからは、そういう体験を生きたわたしがいるからこそ、いま自分の目の前にいるわが子を実感することができる母親の思いが伝わってくる。まさに障害という事実は、かかわり合いのなかで体験し直されることによって、生きる意味ある現実に変容したのである。

第10章 関係を生きる

1　開かれた態度

　ところで、先に話したこうちゃんのことだが、あのときわたしは、どうして、わ、た、し、ではなくこうちゃんが脳性麻痺《まひ》なのかと自問した。そして、医学的には偶然としかいいようのないこの事実が、わたしの原風景の体験を蘇《よみがえ》らせ、人生の物語の一隅を照らしたのだといった。神谷美恵子がハンセン病者と出会ったときに体験したように、代わりになってくれたのだとは思わなかったのである。

　いま、えっちゃんと母親に出会い、ほんのわずかのあいだだがかかわり合いをもった。そこで、どうしてわたしではなくえっちゃんなのか、どうしてわたしではなくこの母親なのかと、そう問うてみて、気づいたことがある。「どうして？」と問うたそのとき、そこに関、係、が生まれようとしていたのである。

　もしも、えっちゃんを最重度の障害を抱えた子どもとしてみるのであれば、障害という枠にはめ込んでみるのであれば、それは他人《ひと》ごとになるであろう。自分には障害がなく、えっちゃんには障害がある。障害のない世界からえっちゃんをみる。それは、光の世界から影の世界を眺めるようなもので、えっちゃんのことはわたしには他人《ひと》ごとである。

工学部のころ、あの家庭教師先の親子に出会い、臨床心理学を知るまでのわたしはそのように生きていた。そこには、他人《ひと》ごとのそこには、関係は生まれない。けれどもこのとき、わたしは、自分もまたそうなる可能性を宿したひとりの人間として、自分も障害を抱えることになるかも知れない人間なのだとこころに留めて生きようとしていた。そしてそこに、「どうして？」との問いがおのずと生まれたのである。

どうしてわたしではなくえっちゃんが障害を抱えて生きているのか。この問いは、わたしも障害を抱える可能性があるのに、どうしてわたしはそうではないのか、との問いへと続く。それはもはや他人《ひと》ごとではない。あえていうなら、それは我《わ》がことである。そして、この問いをこころに留めて、障害を抱えて生きるひとりの人間を、無二の個であるえっちゃんという存在を眼差《まなざ》したのであった。このことは、障害という事実のみをみるのではなく、その事実を体験として生きるえっちゃんというひとりの人間をみようとすることでもあった。唯一無二のえっちゃんを眼差《まなざ》すことは、脳性麻痺などといった既存のフレームで理解しようとするのとはまた別の、ひとりの人間が生きて在ること、そのことの意味を知ろうとすることである。だからこそ、そこには関係が生まれようとするのではないだろうか。

河合隼雄はそれを「開かれた態度」と呼んで臨床家の根本の姿勢とした。わたしはその姿勢を、こころの臨床実践のなかで、おおくのひとたちと出会いトレーニングされてきたのである。「わたしは部落出身者なのです」と語ったあの女性、わたしという台木の接《つ》ぎ穂であったあの女性と出会って、川床《かわどこ》に眠っていた差別の物語がわたしに覚醒《かくせい》することになった。その物語は川床にあるものだから、わたしの意思で変えることはできない。けれども、いま、えっちゃんと母親の人生にふれて、わたしは、その物語に自分自身の体験を紡ぐことができる。この母子と出会ったことを縁《えん》として生きることができるのである。

神谷美恵子はハンセン病者が自分の代わりになってくれたのだと感じたというが、そこにも関係は生まれようとしていた。事実、ハンセン病者と生涯に亘《わた》ってかかわり合うほどの関係が生まれていった。わたしは思うのだが、たいせつなのは生まれようとする関係を切らないことではないか。かつて、排除や差別によって、その人たちから社会は背中を向けてきた。傷痍《しょうい》軍人や同和地区の友人に無防備に向かおうとした幼かったわたしの手を母が引き戻したように、ひとの死を見せないようにと臨終の祖母から父がわたしを引き離したように、かつてわたしはそうしたものとつながらないように、関係を切断してきた。いまになってえっちゃんとの出会いの当時をふり返ると、臨床心理学を生きることとしたわたしは、その関係が生まれようとするとき、すくなくともわたしからは二度とそれを切らない、そういう決意をしたように思う。それはきわめて重い決意だった。

関係ということで印象的に思い出すのは、実存心理学者ヴィクトール・フランクルの話である。アウシュビッツの地獄のなかでフランクルは、あらゆるもの、人間性までをも極限にまで奪われたとしても、関係だけは奪われないことを知る。

> 人は、この世にもはやなにも残されていなくても、心の奥底で愛する人の面影に思いをこらせば、ほんのいっときにせよ至福の境地になれるということを、わたしは理解したのだ。収容所に入れられ、……中略……できるのはただこの耐えがたい苦痛に耐えることしかない状況にあっても、人は内に秘めた愛する人のまなざしや愛する人の面影を精神力で呼び出すことにより、満たされることができるのだ。
>
> （ヴィクトール・フランクル著　池田香代子訳『夜と霧』２００２年、みすず書房）

フランクルは、およそもっとも耐えがたく悲惨な状況にあっても、自分のこころの内に生きる妻と対話をし、そのことによって幸福感を得ることができ、そしてその幸福感は誰にも奪うことはできないというのである。そして、その気づきがフランクルを地獄から生還させたのである。

また、先にもなんどか紹介したやっちゃんは、身体が不自由で口が利けない。しかし、担任とのあいだで、自分の思いを表現することができたという。それは、やっちゃんを抱きしめる担任の向野幾世が全身でその思いを汲みとる、それにやっちゃんが応える、そうした気の遠くなるような過程を経て可能になったことだという。フランクルの話もそうだが、この話もまた、関係を生きるというとき、それはまずことばから始まるわけではないことを教えてくれる。これは、一見すると当たり前のようだが、それを実感することはほんとうにむずかしい。

2　青年の沈黙

生まれようとする関係を、すくなくともわたしからは切らない。そう決意してここまできた。臨床家になったいま、これまでをふり返ってみると、わたしの決意がすこしでも揺らぐと、そのことがたちまちのうちに相手《むこう》に伝わっていったことを思い出す。ある寡黙な青年とのときが沈黙に支配され、それが3か月続いたことがあった。

なにも話そうとしないのに、この青年は毎週、決まった時刻、それは夜だったが、やってくるのだった。そのことが青年にどんな意味をもつのか、その当時はよくわかっていなかった。ただ、すくなくともこの沈黙をたいせつにしようとは思っていた。この世の不条理に身悶《もだ》えする青年期にあって、この青年は自分が生を授かったことの意味を探し求めている、そういう意味が沈黙にはあるのだ。そう思って、この青年に向き合い続けていた。何処に出口があるのかわからない、はてのない彷徨《ほうこう》をふたりして旅していたことになるであろうか。

そうであったにもかかわらず、3か月が経って、堪《こら》えきれなくなった。とうとうわたしは、なにか話してもらわないと先には進めない、そう青年に伝えてしまった。伏せていた面《おもて》を上げてさっとこちらを一瞥《いちべつ》した青年が、口を開くことはなかった。そして、それきり二度と、やってくることはなかった。

いま、この青年のことが思い出されたのだが、堪えきれなくなったとき、わたしの決意が揺らいで、それが青年に伝わったのではないだろうか。こちらから関係を切らないと誓ったはずなのに、その決意が揺らいだ。沈黙に耐えられなくなったのである。たしかに、ことばの上では関係を続けていこう、先に進みたいと意思表示をした。けれども、青年に伝わったのは、わたしはもう沈黙の関係を続けたくない、この沈黙の関係は続けられないとするわたしの姿勢だった。わたしは、沈黙の関係ではなく、ことばに開かれた関係を望んでいたのである。それが青年に伝わった。けれども青年は、ことばに開かれた関係ではなく沈黙の関係を望んでいた。だから3か月ものあいだ、休むことなくやってきていたのである。そのことがわたしにはわからなかった。

3か月のあいだ、この青年はわたしを試していたのかも知れない。わたしが真に関係をもつに値する人間かどうか、信じるに値する人間かどうかを見きわめようとしていたのかも知れない。

こころの臨床実践の場に身をおいてつくづく感じるのは、関係を生きようとするクライエントの強靭《きょうじん》なエネルギーである。それは日常の人間関係とは異なる関係といってよいだろう。これまで幾度となくひとに裏切られてきたことや、あるひとのひとことによってこころを砕かれてしまったことなど、深いこころの傷を抱えてやってくるひとたちは、その傷を、臨床家との関係をとおして体験し直そうとしている。河合隼雄はそうしたひとたちを「一人の悲しい人間」という。そして、臨床家は、その悲しい人間と「少なくとも共に歩もうとの姿勢を崩さないもの」なのだというのである。「共に歩もうと」するとき、そこには関係が不可欠となる。けれども、「関係を生きる」、そうことばでいうのはたやすいが、それがいかにたいへんな道であるのかを、この青年の沈黙は教えている。

3　たましいの働き

ことばが生まれてくるのは恵みだと、先に紹介した演出家の竹内敏晴はいう。ただ、ことばを習得してくらしのなかで普通に使うようになってしまうと、それが恵みだなどとは誰も思わなくなる。また、時間に追われた日々の生活に右往左往するようになると、自分がこの世に生を授かったことの意味など誰も立ち止まって考えたりしなくなる。

いま、こうしてこの青年とのことをふり返ってみると、この青年が生の根源を生きていたのだということに気づかされる。立ち止まって、自身の生の意味を、自分のことばで表現しようとしていた。そのときを、わたしとの関係を縁《よすが》として生きようとしていたことに思いを深くさせられる。わたしはその関係を切ってしまった。自分の力で青年を導き先に進みたいと、なんとかしたいと、深謀遠慮なく動いてしまった。いや、正しくは、わたしが関係を切ったのではなく、この状況を生き抜けなかったわたしがその青年に見捨てられたということなのだろう。

えっちゃんの母親と同じように、この青年もまた、生の根源を生きていた。ひとの生を根底において支えるなにか、それを「たましい」と呼んではどうだろうか。わが子を殺してしまいたいと叫んだえっちゃんの母親の生を支えたのは、たましいだと考えてみたい。たしかに、指導員やわたしはこの母子に懸命にかかわったと思う。だがしかし、そのことはただ、母親の道往きの灯火《あかり》となり、ほんのひとときを、この母子の人生のほんの一部をともにしただけである。たとえどれほどに見守りをともにすることがたいへんで過酷なことであろうとも、それが母子の道往きのすべてを支えたわけではない。母親は、わたしや指導員に教えられることによって、指導や助言によって、最重度の障害を抱えたえっちゃんを抱えて生きることの意味を、生存理由を知ったのではない。そのようなことを母親に教えることなど、できるはずもない。私たちはなにもしてはいないのである。

えっちゃんを抱えて生きることの意味を母親が知ったのは、ひとえにたましいの働きによってだと考えたい。たましいは意思の力で働くものではない。けれども、たましいが働くとき、ひとは自身の生の意味を、生存理由を知るのである。

おそらく、この青年の3か月も同じ道往きにあったのではないだろうか。それは、たましいの働きを待ち望む沈黙のときだったのではないだろうか。ではわたしは口を開かずに沈黙のときをともにしていれば良かったのかというと、そういうわけでもないだろう。そのような技術的な問題ではない。わたしはこう思うのだ。これはことばにすれば簡単に聞こえるのだが、わたしもまたたましいの働きを待ち望むひとりとして、自身の生の意味を知ろうとするひとりの存在として、この青年とのときをともに生きることが必要だったのではないだろうか。

たましいの働きを待ち望むとは、いったいどういうことなのだろう。それは自分というものを知ろうとすることなのではないだろうか。必死になって自分と向き合おうとすること、自分もまた生の意味を知らずに悶《もだ》え苦しむひとりであることを知ろうとすることではないだろうか。

4　ふたたび奇蹟のひと

戯曲『奇蹟《きせき》の人』のプロセスは真実とはちがっていたと、先に述べた（111〜112頁）。そのことをここで取りあげてみたい。

この戯曲には決定的に重要なできごとが削られていたのだというのである。竹内敏晴が知ったそのできごとというのは、ヘレンが「ウォーター！」と叫ぶ数日前のことであった。ヘレンとサリバン、このふたりが食堂で格闘したあとのこと、食堂から出ようとするサリバンに、ヘレンは近づいてその手を撫《な》でる。その姿に、サリバンはヘレンが仲直りをしようとしているのではないかと感じる。この、仲直りしようとするヘレンの気持ちを汲みとったシーンが削られていたのである。ギブスンが描き落としたこのシーンは、けっして取るに足らない一場面などではない。それは、力によるふたりの格闘のその奥に、関係が生まれようとしていることを教えるものである。ただ、それはまだ関係の萌芽《ほうが》、兆《きざ》しにしか過ぎない。けれどもふたりは、この生まれようとする関係をけっして切ろうとはしなかった。

また、このできごとのさらに以前、それは「ウォーター！」の奇蹟が起こる遥《はる》か前のことだが、サリバンがみずから「奇蹟が起きました！」と手紙に認《したた》めた日があったという。ヘレンがはじめてサリバンの愛撫《あいぶ》とキスを受け容れて、ほんのすこしの時間その膝に乗るようになった日のことである。そのときを捉えて竹内敏晴はこういう。

人と人とが真にふれあうこと、他者を受け入れること、これが奇蹟なのであって、これが一度起ったとき、「ウォーター！」はサリバンにとっては予告された事柄であり、それが起ったときかの女は「重要な第二歩」だと書くのである。

（竹内敏晴『子どものからだとことば』1983年、晶文社）

このようなことが、いったいどうして、起こるのだろうか。ギブスンが奇蹟とみたのはヘレンの「ウォーター！」のときである。サリバンがみた奇蹟は、ひととひととの真のふれあいのとき、受け容れ合うときである。いずれの奇蹟も、もちろん奇蹟だから、ひとの手によって起こったことではない。ただわたしは思うのだが、サリバンがみた奇蹟は、ギブスンがみた奇蹟に到るためには欠くことのできないものだったのではないか。わたしはここに、関係というものの尊さをみる思いがする。

硬くこころを閉ざしてひととふれ合おうとしなかったヘレンと、みずからも難聴に苦しんだ過去のあるサリバン。このふたりが出会って、そこに関係が生まれようとする。ふたりは、生まれようとする関係を、けっして切ることはなかった。力任せの、力が支配するふたりのあいだに、どうして関係など生まれたのであろう？　サリバンを憎んでも不思議のないヘレンと、いうとおりにならないヘレンを見捨ててしまっても不思議のないサリバン。このふたりのあいだに、どうして……。わたしはそこにたましいの働きをみたい。自分を見舞った三重苦という現実を生きるヘレン、そして、その生にただ力をもって向き合うほか為すすべを知らないサリバン、その苦しみやかなしみから逃れることなく向き合い続けるふたりに、ただ、たましいの働きを待ち望んで生きる姿をみるのである。

どうして三重苦のヘレンがことばを取り戻すことができたのだろう。それは奇蹟だと、ひとは軽々に口にする。そうして、その奇蹟が生まれるために不可欠に必要な人間的事態が見過ごされていく。ひととひととのあいだに生まれる関係が見過ごされている。もちろん、人間関係がたいせつなことなど誰でも知っている。しかし、その関係が奇蹟へと通じる道標《みちしるべ》でもあるのだということを、いったい誰が知っているだろうか。ひとは、それを真に知ったとき、関係の尊さに導かれていくのではないだろうか。サリバンは、関係が生まれたことを奇蹟だといった。ひとりの人間として、そのことの重みを噛みしめたい。それが奇蹟というのであれば、えっちゃんと母親とのあいだにも、奇蹟は起こったのである。

探求

第11章　夢を生きる

1　わたしとは何者か

こころの臨床実践トレーニングは、瞬《またた》くあいだに過ぎていった。おおくのクライエントとかかわり合う日々は、それぞれのひとに思いを馳《は》せながら、臨床家になるために、わたしの血に染み込んでいくときの体験だった。

そのなかでも、とりわけわたしに強い印象を与えたのは、「食べること」にかかわるこころのテーマだった。

食べることが止められない
食べても吐いてしまう
食べることができない

このようなことばは、これまで語ってきたように、わたしの常套句《じょうとうく》でもある「どうして?」をもたらすものでもあった。

どうして、食べることが止められないのだろう
どうして、食べても吐いてしまうのだろう
どうして、食べることができないのだろう

すべては、わたしにとって謎であった。社会が安定成長期に入って現れてきた「食べること」にかかわるこのテーマは、おそらくすべての人たちにとっても科学的には解明することのできない謎だったのではないかと思うのである。

この、「食」にかかわるこころのテーマを抱えたひとたちとこころの臨床実践の場で出会うことが増えていった。ただ、当時はそのことをさほど意識してはいなかった。だが、いまにして思うと、おそらくわたしの気づかないこころの深層で、このテーマへの響《どよ》めきがあったにちがいない。それはけっして、他人《ひと》ごとではないのだと、こころの深層が感応していたのではないかと思うのである。

先輩たちと昼食に出かけたその日のことは、いまも脳裏に焼きついている。テーブルにサーブされたビーフシチューを前にして、ほんとうに唐突にスプーンをもった手が動かなくなった。器に載《の》っている牛肉を凝視したまま、わたしは固まってしまった。周囲の談笑が耳に入らなくなった。わたしだけ、まるで水のなかに潜っているようで、まったくの異空間の迷宮に入って

しまったかのようだった。そして、なんのために食べるのかが、皆目《かいもく》わからなくなってしまった。

まったくおかしなことだと、ほとんどのひとはいうだろう。なんのために食べるのかだって、それは生きるためだろう、決まってるじゃないか、そういうだろう。そうであるならば、あのときわたしは生存理由をなくしてしまったのだろう。他の誰でもない、無二の個であるわたしの生きている理由《わけ》が消えていってしまったのである。

より正確にいえば、そもそもわたしは自分の生存理由を明確に意識して生きてきたわけではない。誰かとの、なにかとの、環境世界とのかかわり合いのなかで、喜怒哀楽を体験してきただけである。そんなわたしに、そのとき、このテーマが鮮明に定位されたのである。

わたしとは何者なのか？
わたしはいったい、何処《どこ》からきて何処へ行くのか？

わたしにとって、このテーマの到来は、あの、家庭内暴力に荒れる子どもとその母親に出会ったときの体験をさらに深めるものだった。あのときは、科学ではうかがい知ることのできない母親と子どもの関係を目の当たりにして、科学が自分の依代《よりしろ》にはならないと知った。それは自分の生存理由を探求することの端緒にあたる体験だった。まだこころの臨床に出会う前の、何処に手を伸ばせば探求の道が開かれるのかわからずに、こころが逍遥《しょうよう》していたときのことだった。

この体験からわたしはこころの臨床に導かれ、実践トレーニングを積み重ねてきた。おおくのひとたちに出会い、その語りを聴き、その生にふれ、人間について「生きるということ」について考えてきた。そのなかで、とりわけ「食」にかかわるテーマを生きることについて、深くこころを寄せるようになってきていた。そして、あのテーマが到来したのであった。

生活は一変した。たとえばバスに乗っているとき、どうしてここにいるのだろうと思う自分がいた。ケースカンファレンスに出席しているとき、なんのためにこんなことをしているのだろう、そう思う自分がいた。これまではごく当たり前のことであった自明性が揺らいでいき、世界が色を失っていった。

いついかなるときも、このテーマが離れることはなかった。担当していた心理相談以外で、誰かとかかわることがほとんどなくなってしまった。ケースカンファレンスなどの授業に出席することも、もちろんなくなった。クライエントに会うこと以外に、意味ある世界を体験することができなくなってしまったのである。

1か月に3～4キロずつ、痩せていった。いつも暗い表情で、笑うこともなく淡々として、クライエントに会うことだけが、ほぼ唯一の外出となっていった。

周囲はたいそう驚いていた。ほんとうに心配してくれていたのだと思う。摂食障害に診断分類される基準を満たしていたようで、そのことを指摘するひともいた。だがわたしには、そうした周囲の喧噪《けんそう》は自分を包む膜の外側で起きている異世界のできごとのように映っていた。

どうしてこのようなことになったのか、もちろんわたしにわかるはずもなかった。ただわたしは、どこに運ばれていくのかもわからぬままに、ただ自分のこころに導かれるままに生きていただけである。たとえていえば、川面《かわも》に浮かぶ小舟に乗っているわたしは、オールを使うことをやめ、おおいなる川の流れにその存在を委ねていたということになるであろうか。

2　河合隼雄の存在

ある日、心理相談を終えて帰宅しようと廊下を歩いていると、向こうから河合隼雄が歩いてきた。授業に出ることもなく、そのときすでに10キロ以上も痩せていたから、きっとわたしは異様に映っていたにちがいない。だが、このひとはなにもいわず、すれちがっていった。

わたしがこころの臨床の門を叩いたのは河合隼雄がいたからである。その姿勢に、そのことばに導かれるままに実践トレーニングを積み重ねてきた。懇切丁寧に指導を受けてきたわけではない。けれどたしかに、その存在にふれながらクライエントに会い、人間を知ろうとしてきた。それはちょうど、母親に見守られながら砂場で遊ぶ子どものような、そんな体験に近いようにも感じるが、それは、母親の存在を、柔らかく温かな眼差《まなざ》しを背に感じながら安心して穏やかに砂遊びを楽しむといった体験であろう。けれども、河合隼雄に見守られながらこころの臨床実践トレーニングを積んできたわたしの体験は、柔らかく温かな眼差しを背に感じるものではなかったし、安心して穏やかに心理相談を行っていたわけでもなかった。

ひとことでいうと、わたしは必死だった。心理相談というのは生命《いのち》がけの実践だと感じていた。わたしは、ひとのこころに関心があるとか、こころの世界に興味があるとかいった理由でこの道に進んだのではなかった。母親に暴力をふるうあの中学生と、暴力の嵐のなかでそれをとめるなという母親と出会ったことをきっかけとして、存在ごとこころの臨床の世界に投げ出されたのである。それは、幼少期から垣間見てきた、畏怖《いふ》の念すら抱かせたこの世の不条理に直《じか》に目を向け、ひとの「生きる」から目を逸《そ》らさず、そして人間を知ること、こころの臨床の世界でそのように生きることが、出会いの不思議、縁によってわたしにもたらされた事態なのである。だから、自分の人生を賭《と》していたともいえるだろう。それは、他ならぬわたしの「生きる」なのであった。西田幾多郎のこの句は、わたしにはそのように響いている。

人は人吾《われ》はわれ也《なり》とにかくに吾行《ゆ》く道を吾は行《ゆく》なり

河合隼雄の存在にふれているというのは、このわたしの姿勢がつねに問われることでもあった。ケースカンファレンスなどの授業でみせるその厳しく甘えを許さない、それでいて微笑しながら遠望するかのようなその眼差しや語りは、直接自分に注がれているときでなくとも、そこにこころの深みを生きている臨床家が存在することを実感させ、そうして次には、わたしのこころは「おまえはどうなのか?」とその存在から問われているのである。

あのとき、授業に出席することもなく、誰かと話をするでもなく、目立って痩せた、周囲にはそのように映っていたあのとき、廊下で河合隼雄と出会ったわたしは、怖かった。もしそのようなことで叱責《しっせき》を受けたりなにか尋ねられたりでもしたならば、きっとわたしは、かろうじて保っていた外界とのバランスを崩してしまっていただろう。他の誰かがそうしてきたとしても、無言で受け流すことはできていた。そのことばがわたしの外側にあり、届くことがなかったからである。

わたしは、優しいことばをかけられることも、強く叱責されることも、まったく望んではいなかった。誰からもそうされたくなかった。ただ、そっとしておいて欲しかったのである。放っておいて欲しかったのである。けれども、そのときでさえ、わたしにとって河合隼雄は唯一、自分を包む膜の外側にいるひとなのではなく、もうわたしのこころに棲《す》みついて、ことあるごとにわたしの姿勢を問うてくる、かけがえのない存在なのだった。わたしを求道者《ぐどうしゃ》にたとえるなら河合隼雄はまさに師《グル》だった。

だからもしも、この状況でなんらかのアクションが河合隼雄からあれば、わたしはどうしていただろうかと、いまにして思うのである。もし、他の誰かと同じようなことばがやってきていたならば、師《グル》は地に落ち求道者《ぐどうしゃ》は道を失い、ここまで紡いできた人生の物語は解体したかも知れない。わたしに定位されたテーマは行く先を見失い、川面に浮かぶわたしという舟は漂流するほかなかったかも知れない。おおいなる川の流れに信をおくことができなくなってしまうのだから。

これはいまふと思ったことなのだが、おそらくクライエントもまた、このわたしのように、そのこころに臨床家を定位させて、ふたりして道往きをともにするのではないだろうか。

ともあれ、河合隼雄は、なにもいわずにすれちがっていった。それがわたしにとってどれほどありがたいことであったか、いまも十分なことばにはならない。ただたしかに、そのときわたしは、自分を見守ってくれる存在がいることを、身をもって知ったのである。

3　夢の到来

あのテーマが到来してから3か月あまりが経った。わたしはすでに15キロほど痩せてしまっていた。ひとりして孤独な彷徨《ほうこう》のときを生きていたといってもよいかも知れない。

そんな5月のある夜、夢をみた。


〈河合隼雄とふたつの石〉

広い和室。布団に入ってわたしは眠っている。薄暗闇のなか、河合隼雄が枕元にやってくる。両手幅ほどもある大きな石とそれよりすこし小さな石を布団の傍《かたわ》らにおいて、深々とひれ伏している。


身体ごと反応していた。雷に打たれるというのではない。そのような衝撃ではなかった。さながら、月光が優しく身体を貫いていくような体験だった。

周囲からひたすらに背を向け、到来したテーマを生の心柱として、こころの深層の蠢動《しゅんどう》に委ねた、そうしたときの体験は、この夢をメッセージとして届けてきた。いま、わたしは、この夢を忘れずに書き留めておかなければならない。この思いがひとしおだった。

夢をみたとき、それがどんな意味をもっているのかを知りたいという思いがする。こころの臨床の世界では、「夢を分析する」ということばでそれを表現する。ただ、夢をどれほど分析しようとも、その意味をどれほど探求しようとも、正解に辿《たど》り着くことはない。どこかに正解があって、それを目指して探求するわけではないのである。また、どれほど夢を分析しようとも、それで現実的な利益が得られるわけでもない。それでは、夢を分析することにはどんな意味があるのだろうか。

実践トレーニングを受け始めたころは、そのような疑問があった。まだわたしは、意味があるとかないとか、そのことが行動の規範となるような、そんな世界に縛られていたのである。けれども、このときにみた夢にはそんな世界をものともしない強靱《きょうじん》な力があったように感じる。わたしはただ、自身のこころの深層からもたらされた夢のメッセージを受けとめなければならないと、必死の思いで一杯だった。そしてその思いは、わたしをさらなる深淵《しんえん》へと導くことになったのである。

このときから夢の記録が始まった。夢をみると、それをできるかぎりそのままに記録していく。簡単そうにみえるが、集中していないと夢はするりと記憶から離れて消えてしまう。夢をみてそれを記録し、到来したテーマとの関連でもって、日《ひ》がな一日《いちにち》あれこれと思いを巡らす。

それは文字どおり「夢を生きる」ときの体験だった。

わたしのみた〈河合隼雄とふたつの石〉が、どんなメッセージをこころの深層から運んできたのかは、その当時もそしていまも、たしかにわかっているわけではない。ただ、その夢を境にして、一変したわたしの生活の中心は、夢が占めるようになっていった。夢をみて深夜2時に目が覚め、すぐに書き留め始めて、気がつくと午前6時で夜が明けていた。このようなこともしばしばあった。まさに、生活が夢に乗っとられたかのようだった。

手許に当時の夢の記録があるが、それを手にしてふりかえってみれば、当時は、まったくもって夢の力の途方もなさと必死の思いで向き合っていたのだと実感する。

4　高橋たか子

まったく偶然のこと、それはあとで思うと不思議なことではあったのだが、こころのなかに高橋《たかはし》たか子《こ》の作品とこの作家の「生きる」が棲みつくようになったのは、このころだった。わたしは、孤独な彷徨に同伴者を求めていたのかも知れない。かといってそれが周囲の誰かというわけにもいかなかった。というのも、わたしは周囲とのかかわりをほとんどまったく閉ざしていたからである。

ある心理相談が終わって帰り支度をしていたところに、おそらく先輩の机上にあった新聞のようなものだったと思うのだが、そこの紙片の活字に目が留まった。『記憶の冥《くら》さ』（1977年、人文書院）。その不思議な書名に惹かれて、気がつくと実際に書籍を求めていた。それは、当時のわたしのこころに、まさに寸分の狂いもなく寄り添ってくれるものだった。内容もそうなのだが、内容と文体から浮き彫りになってくる高橋たか子という作家の「生きる」に深くこころ惹かれたのである。当時の読後感想に「ときに微笑し、ときに戦慄《せんりつ》が走った」とある。以来、この作家の「生きる」と著作は、わたしの同伴者となった。ほとんどの著作を、それこそ貪《むさぼ》るように読み耽《ふけ》った。

ところで、たしか1998年ころのこと、たった一度だったが、この作家と手紙のやりとりをしたことがある。年譜から遡ると、わたしがその著作に出会ったころ、このひとはフランスでカソリック修道女として、ひたすら祈りのうちに生きていたのだという。その観想生活は、おそらくまったき孤独のうちに生きつつ神の沈黙を聴くものではなかっただろうか。

手紙のやりとりは、著作に出会った10数年のちのこと、わたしにとっては、もっとも苦しいこの時期を終えて河合隼雄との分析の最中《さなか》のときであった。この時期の体験をもとにして、心理相談（こころの臨床）の本質は、自分がこの世に生きて在ること、その存在理由にふれる「存在の知」の体験にあると論じた一書（『生きる心理療法と教育―臨床教育学の視座から』1998年、誠信書房）に、この作家の「『内なる城』に学ぶ祈り」というエッセイ（『聖母の騎士』1977年、第3号1ページ、聖母の騎士社）を引用したことが縁となった。高橋たか子からの手紙には、わたしの「存在の知」という考え方に同意を示しつつも、「でもわたしはその先にある『神の知』を生きています」とあった。わたしはそこから、「この世的なものを、すべて捨て去る生を、フランスでの八年にわたる観想生活で身につけ（『高橋たか子の「日記」』2005年、講談社）」たこの作家と、生存理由をなくしてこころの宇宙を彷徨した末にこの世に帰還したわたしとの、明瞭な「生きる」のちがいがあることを知り、深い感慨を抱いたのであった。

『記憶の冥さ』との出会い以降、高橋たか子に深く傾倒したわたしは、いつしかカソリックの受洗を考えるようになっていた。ただ、カソリックにかぎらず宗教というものは、科学をもって身を立てようと一度は考えたわたしにとって、その門を叩くにはそうとうなためらいがあったこともたしかだった。

そんなとき、ある小説のクライマックスで、高橋たか子が主人公の山川波子《やまかわなみこ》にこういわせているシーンに出会った。

内なる部屋を、何処へ行っても持ちはこんでいけばいい

（高橋たか子『装いせよ、わが魂よ』1982年、新潮社）

「部屋」という表現は、実際に観想する、祈るときの場所を指すのであろう。だから、「内なる」という形容詞は、その営みが外的な部屋ではなくこころの内に在ることを伝えるものだろう。このことばは、わたしに一気に、神はみずからのこころの内に在る、そう届いたのである。

また、作家の加賀乙彦《かがおとひこ》は高橋たか子との対談のなかで、この作品についてこう語っている。

下宿が見つからず、外国の石と鉄で出来た町を、主人公が孤独に、ひりひりする程自分が裸になった感じでさ迷い歩くところから物語が始まる。そして最後に自分の探しもとめ

る部屋は、実は自らの内側にあったことを発見する。
（「祈りの中で書く――『装いせよ、わが魂よ』をめぐって」『波』１９８２年10月号、新潮社）

このことばに出会って、わたしは受洗をやめた。わたしに到来したこの孤独な彷徨の時期は、自身のこころの内なる神にふれるためのときであったと知ったからである。ただ、これはおそらく高橋たか子との縁が導いたことだと思うのだが、深い親交があったというカソリック者で作家の遠藤周作《えんどうしゅうさく》の作品をこれまでにまして深く読み込むようになり、また高橋たか子に洗礼を授けたカソリック司祭の井上洋治《いのうえようじ》の人生と著作に深い影響を受けるようになっていったのである。

そうして、すこしずつ、わたしに周囲の声が聴こえるようになっていった。膜が、ゆっくりと消えていくかのようだった。

5　味は戻りましたか

食の拒絶を機に生存理由をなくしてから半年あまりが経った。一変した生活はおおよそそのまま続いていたが、こころのエネルギーはすこしずつ外界に向かっていたようで、そのことにむず痒《がゆ》さのような感触があった。口に入るモノの種類と量も、すこしずつだが増えていった。

この時期のことを思い返すと、あのえっちゃんの母親がわが子にボイタ法の訓練を施していたとき、指導員にサポートを求めて「ちょっと手伝ってくれませんか」と口にしたシーンが想起されてくる。あのとき、母親になにが起こったのか、指導員もわたしもわからなかった。けれどたしかにそれは、苦行僧さながら一心不乱に周囲との交流を拒んで生きてきた母親のこころのエネルギーが、外界に向かって流れ始めたときであった。そして母親は、えっちゃんとのかかわり合いのなかに、みずからの生存理由を見出していったのだった。わたしもまた、そのような変容のときを迎えつつあったのかも知れない。

わたしの「生きる心理療法」の座右の銘でもある神谷美恵子のことばをふたたび引用したい。

生きがいをうしなったひとが、もし忍耐を持つことができれば、長い時間の経つうちには、次第に運命のもたらしたものをすなおに受け入れることができるようになるであろう。避けることのできないものはうけ入れるほかはないという、いわばあたりまえのことを、理くつでなく、全存在でうけとめるようになるであろう。さらにそういう苦しみや悲しみとともにどうやって暮して行ったらいいか、というすべを身につけ、場合によれば、ニーチェのいう「運命への愛」amor fatiすら自然に心のなかに芽ばえてくることもあろう。それは長い、苦しい「荒野」での道程である。

（神谷美恵子『生きがいについて』１９８０年、みすず書房）

神谷美恵子は、ハンセン病者の精神医療に心血を注ぐなかで、このことばを紡いだのだが、えっちゃんの母親もまたこのことばどおりの「生きる」を体験したのではないだろうか。

医学がどれほど変わろうとも、生まれてくる子どもを選ぶことはできない。子どもを授かるというのは、畢竟《ひっきょう》、自我すなわち人間の意思の埒外《らちがい》にあるのである。母親が最重度の障害を背負ったえっちゃんを授かったのは、これは運命である。母親は、えっちゃんという「運命のもたらしたものを」受け容れて生きていかなければならない。それは辛く苦しい筆舌に尽くしがたいときの体験であっただろう。その、ふたりしての長い時間を耐え抜いて、母親に、周囲のサポートを「すなおに受け入れることができるように」なった、あのときが訪れたのである。この、長い忍耐のときを神谷美恵子は「長い、苦しい『荒野』での道程である」という。この道程のすがらに母親はなにを思ったであろう。古来より如何《いかん》ともしがたい事態にたいしてひとがそうしてきたように、母親もまた、運命から救われる、そのために神の到来を待ち望んだのではないだろうか。しかしわたしは思うのだが、到来を待ち望んだ神は、実は母親自身のこころの内に在ったのではないだろうか。

さて、わたしのことだが、そんなある日のこと、心理教育相談室では「おもちゃ買い」という毎年の恒例行事が近づいていた。プレイルームで使用する、クライエントに必要なおもちゃを購入するのである。特別な事情がなければ、大学院生はみな参加することになっていた。プレイルームでクライエントとかかわるなかで、欲しいなあと思っていたおもちゃを、この機会に購入することができるので、ほとんどの大学院生は参加していたように思う。おもちゃ買いが終わると、懇親会が予定されていて、これには教官たちも参加することになっていた。

いまにして思うのだが、その当時ちょうど周囲の声が聴こえるようになっていたわたしにとっては、この行事はまったくタイムリーに設定されていた。ただ、参加するかどうかは個々の判断に任されていた。わたしは、出欠表に参加と記した。その理由は、当時もいまも、まったくわからない。わたしの意図しないところで、なんらかの計らいがあったのかも知れない。とすればそれは、わたしの内なる神の計らいであったことだろう。

四条河原町の髙島屋でのおもちゃ買いが終わって、河原町を三条まで上がったビアホールで懇親会が開かれた。これも恒例のことで、席はすべてくじ引きで決められる。わたしもくじを引いた。これも神の計らいだったのだろうか、なんとわたしが引いたくじは、河合隼雄と向かい合わせの席だった。

食を失い生存理由をなくしたときから、河合隼雄とは口をきいていなかったし、その姿を見かけたのも、あのときの一度きりだった。けれど、あのときからずっと、たしかに見守られていると感じてきた。また、夢のなかにはくり返し登場してきて、そこでわたしは幾度となくやりとりを交わしてきていた。

けれども、どうしてこの懇親会という場だったのだろう。これはいま思うことであるが、わたしの孤独な彷徨が食事の場から始まったことと関係があるのではないだろうか。

テーブルにはところ狭しと料理が並べられた。生ビールのジョッキも置かれた。かつてのわたしだったらおどけてみせるシチュエーションだっただろう。おもちゃ買いのときに、役割そっちのけで遊具に興じていた先輩たちのことを、皮肉を込めて語ってみせたりしたことだろう。

だけどそのときは、正面にいる河合隼雄の手もとを見ていることしかできなかった。
幹事の挨拶《あいさつ》が終わり、喧噪《けんそう》が場を包んだ。わたしはすこし緊張していた。そして、料理に箸を伸ばして口にもっていったそのとき、河合隼雄と目が合った。そのとき、

味は戻りましたか?

こうことばが投げかけられた。優しい表情で、眼差しは慈愛に満ちていた。けっして大げさな表現ではない。わたしにはそう映ったのである。そこにいたのは臨床家の河合隼雄だったのではないだろうか。

いえ、まだすこし……。

そう、それは辛いねぇ。

ずいぶんのちになってからだが、このときの体験がわたしにもたらしたことを、わたしはおおくのクライエントに向けて届けようとしてきた。それは、ことばにすればこのようなことである。

たったひとりでいいですから、あなたのことをほんとうにわかってくれるひとがいれば、あなたは生きていくことができます。

ことばにすることもあれば、こころの内で強く思うこともある。いずれにしても、このときの体験は、わたしのこころの臨床実践を支える真実となっている。また、臨床家としてわたしはそのような存在であれるのかどうか、つねに自問している。「おまえはどうなのか？」とつねに河合隼雄から問われているのである。

あのとき、「味は戻りましたか」との声を聴いたとき、わたしは、長い旅も終わりに近づいたと感じた。そして、ひとたび完全に色を失っていた世界がこれまでとはすこしちがった色合いでみえるようになってきたのである。

食をとおして悩めるひとに寄り添う「森のイスキア」を開設したことで知られる佐藤初女《さとうはつめ》は、「食はいのち」という。

心が苦しみで詰まっている人は

なかなか食べることができません。
それでもひとくち、ふたくちと食べ進み
〝おいしい〟と感じたとき、生きる力が湧いてきます。
（佐藤初女『いのちをむすぶ』２０１６年、集英社）

わたしに味が戻るということは、食によって生命《いのち》が与えられることなのかも知れない。当時まだ、「おいしい」と感じるにはほど遠かったが、すくなくともわたしには生きる力が湧こうとしていたのかも知れない。

２０００年の初春、河合隼雄は招待を受けて「森のイスキア」を訪れたという。そのときの対談が書物にも収められている（佐藤初女『こころ咲かせて』２０００年、サンマーク出版）。また、これはあとになってのことだが、映画『地球交響曲（ガイアシンフォニー）第二番』に出演したことで耳目を集めた佐藤初女のこんな話を聴いたことがあった。人生に絶望し死を決意したある若者が、死出の旅の途中に森のイスキアを訪れる。一縷《いちる》の望みを抱いてのことだったろう。その望みははかなく消え、翌朝その地をあとにするそのとき、佐藤初女から食べるようにとおにぎりを手渡される。列車のなかでその若者は、手渡されたおにぎりを口にする。そして、死ねなくなってしまった。正確には記憶していないが、おおよそこのようなストーリーだった。

この話を聴いて直《ただ》ちに肯《うなず》くことはできなかった。作り話だろうと思ったりもした。その一方で、たしかにこころに残り続ける話でもあった。

のちに、分析の場で森のイスキアのことが話題になったとき、この若者の話をもち出して、河合隼雄にどう思うかと尋ねてみたことがあった。こんなことばが返ってきた。

ほんまにそんなことがあったんかどうかはわからないけど、その若者が森のイスキアに行くだけの力があったのはたしかやね。でも、ぼくらはそういうところに行くだけのエネルギーのないひとに会っているんじゃないかな。

この若者と、懇親会のあのとき河合隼雄と差し向かいになった自分が思わず重なった。きっとこのひとは、わたしをして懇親会のあの場に行かしめたエネルギーを、たしかに感じていたに違いない、そう思ったのである。そしてまちがいなく、まだそのエネルギーのなかったころの自分を、周囲に背を向けひたすらに内向していたわたしを見守っていたのだと思ったのである。

いまのわたしは、臨床家としてという以上にひとりの人間として、自然のなかに生きて在ることを尊いことと実感している。とりわけ、食べておいしいと感じること、季節感を味わえることを、生命《いのち》の源として、そしてこころの臨床実践の縁《よすが》として、クライエントとともにしていこうとしている。

だが当時はまだそのようには感じられなかった。まだ生存理由がみつかったわけでもないし、到来したテーマに答えが出たわけでもないと思っていたのである。

第12章　新たなる旅立ちに向けて

1　死を巡って

不思議な縁《えにし》で臨床心理学に出会い、河合隼雄のもとでこころの臨床実践トレーニングを積み重ねて、そして6年目になろうとしていた。

懇親会で河合隼雄からのことばを聴いてのち、わたしはすこしずつ「社会復帰」していった。授業にも参加するようになり、食べることへの抵抗感も和らぎ、周囲と会話もできるようになっていった。ただ、それは真の意味での帰還ではなかったように思うのである。夢を書き留めてそれに思いを巡らせることは続いていたし、夢に乗っとられたかのような生活は終わってはいなかったからである。もしかするとわたしは、周囲とかかわるための外面的な体裁を新たに整えただけだったのかも知れない。そのために必要な仮面（ペルソナ）が身についただけだったのかも知れない。

わたしとは何者なのか？
わたしはいったい、何処《どこ》からきて何処へ行くのか？

あいかわらずわたしは、夢とともに、このテーマに向き合い続けていた。そのきっかけになった〈河合隼雄とふたつの石〉も含めて、夢がわたしになにを伝えようとしているのか、夢の意味を探求しようとしていたのである。

そのために、数日の休みを得ると、当時空き家になっていた父方の実家に籠《こ》もったりもした。そこは当時のままに、わたしが生まれた蔵の向かいにあった。実家に籠もり、夢をみて、書き留め、思いを巡らす。それは参籠《さんろう》だった。夢が伝えようとしていることが自分にわかるそのときを待ち望んだのである。

外見的にはかつてとほとんど変わらない生活をしながらも、わたしにはいよいよ追い詰められていった感があった。いま思うと、よくあのような生活ができたものだと、不思議である。

〈河合隼雄とふたつの石〉から、夢を書き留め始めた。こころのエネルギーは一気に内界に向かい、社会生活が一変した。すこしずつ、外界とのバランスがとれるようになった一方で、夢を書き留め、そのイメージについて思いを巡らすことは続いていた。

そんなある日、担当していたクライエントが亡くなった。事故死ということだったが、自死ではなかったろうか。第6章でふれた青年期の女性である。その人生の原点にあった孤独は、生きる意味の探求をともにするなかで、死への傾斜を高め、このひとを死へと向かわせた、そのように思うのである。
呆然《ぼうぜん》とし、そしてさめざめと泣いた。

ある光景が蘇ってきた。それはこころの臨床の門を叩いたばかりの門前の小僧のときだった。わたしは先輩の葬儀の末席を汚していた。どうしてその先輩が亡くなったのか、聞こえてきた話ではどうやらこころの臨床実践と関係があったようだが、わたしにはまったくわけがわからなかった。弔辞が読まれる段になって、河合隼雄が立ち上がって進み出た。故人に呼びかけ、「残念です……」と泣きながら声を震わせていた。

このときの河合隼雄の姿はいまも目に浮かぶのだが、わたしにとってこれは、こころの臨床の門をくぐる体験（イニシエーション）だったのではないだろうか。この日のことはわたしにとって、こころの臨床の世界はけっしてなだらかな道を歩くようなものではなく死を身近にした実践なのだと教えるものであった。

そう思ったのには、当時の社会情勢も影響していたであろう。安定成長期の社会は依然として物質的豊かさを享受していて、まだ20歳そこそこの若者だったわたしもその恩恵に浴していた。生が謳歌《おうか》されるとまではいわなくとも、生への比重が高い当時の社会では、死はまだ遠い世界のできごとだったのである。まだ、「いかに死に逝《ゆ》くのか」という現代人のテーマを考えたわけでもなく、「死にてぇ、殺してくれ、死にてぇ」との祖母の声に、そのテーマを考える自分自身の原点を思ったわけでもないのである。

　このようなできごとがあって数年後、これはインテークカンファレンスでのことだった。ある後輩の報告は、クライエントとの初回の面接ののち、そのひとが自死したというものだった。沈痛な面もちの報告が終わり、その場は重い雰囲気に包まれた。そのとき、河合隼雄はこういった。

　みなさん、ここからなにが学べますか？

　インテークカンファレンスは学びの場なのだから、いわば当たり前のことばである。でもいったい、ここからなにを学ぶというのだろう。自死の原因をみつけようとでもいうのだろうか。当時はそんなふうに思って、ぼんやりとしていた。誰からも発言はなく、そのまま授業は終わった。

　当時は思いも及ばなかったのだが、このことばをいまふり返ってみると、そこに深い意味のあることに気づくのである。河合隼雄は人間というものを、その生老病死《しょうろうびょうし》を学んで欲しかったのではないだろうか。死もひとつの人間の営みであると知って欲しかったのではないだろうか。それは頭ではわかっている。けれども、身に染みているだろうか。

人間はいろいろに病んでいるわけですが、そのいちばん根本にあるのは人間は死ぬということですよ。おそらくほかの動物は知らないと思うのだけれど、人間だけは自分が死ぬということをすごく早くから知ってて、自分が死ぬということを、自分の人生観の中に取り入れて生きていかなければいけない。それはある意味では病んでいるのですね。……中略……

現代というか、近代は、死ぬということをなるべく考えないで生きることにものすごく集中した、非常に珍しい時代ですね。……中略……

だけど、ほんとに人間というものを考えたら、死のことをどこかで考えていなかったら、話にならないですよね。

(河合隼雄・村上春樹『村上春樹、河合隼雄に会いにいく』1996年、岩波書店)

河合隼雄は幼少期に弟を亡くした体験から、「その頃に、私は人間が死んだらどうなるかというのをかなり考えていた」という(河合隼雄『未来への記憶—自伝の試み—(上)』2001年、岩波新書)。わたしにも弟がいた(第2章参照)。まったく記憶がないのだが、わたしの2年ほどあとに生まれて、そしてほどなく息を引きとった。2歳では記憶にないのも当然なのだが、きっとわたしはその場にいたであろう。そして、両親の慟哭《どうこく》を耳にしたことであろう。生命《いのち》の誕生を迎える場が突如としてそれを見送る場と化した、そのかなしみは筆舌に尽くし難《がた》かったにちがいない。そのかなしみのなかに、わたしもいたことであろう。ひょっとするとこれが、わたしのこころの深層にある臨床家としての原点体験なのかも知れない。

いまのわたしは、死はけっしてふれることのできない遠い世界にあるものではなく、くらしの身近で息を潜めていて、なにかをきっかけにしてたちどころに現れてくるものだとこころしている。また、臨床家はクライエントの生老病死の声を聴く存在であると、みずからに位置づけている。けれども、河合隼雄が説くほどには、わたしはなかなか死について考えることができなかった。

これは担当していたクライエントの死から10年ほどのちのことである。ある年の学会で河合隼雄がワークショップを開くことになって、そこで事例を発表するようにと頼まれたことがあった。わたしが発表したのは、過食・嘔吐という「食」のテーマを抱えて苦悩する青年期の女性の事例だった（その詳細は他所に論じた。皆藤章『日本の心理臨床4　体験の語りを巡って』２０１０年、誠信書房）。

その発表当日はあるクライエントとの心理相談が予定されていた。わたしは了承をとってその予定を延期して発表に臨んだ。その当日に、クライエントは長い闘病の末に亡くなったのだった。衰弱死だった。知らせを聴いたわたしは、発表したことを悔いた。学会になどに参加せずにクライエントに会うべきだった、クライエントとの約束はあらゆることに優先するのではなかったか。予定を延期などしなければ、会えていたにちがいない。このようなことを、河合隼雄にぶつけた。それはやり場のない憤りの現れとでもいえるような口調だった。

馬鹿者！　一喝《いっかつ》された。

そのときのわたしは、クライエントの死から背中を向けようとしていた。その死から逃れようとしていたのだ。「なぜ、そのクライエントは亡くなったのか」との問いのまえに立とうとしていなかったのだ。臨床家はこの問いのまえに「立つことを余儀なくされた人間（河合隼雄『ユング心理学入門』１９６７年、培風館）」なのではなかったのか（第6章参照）。

それからわたしを諭したことには、その姿勢の傲慢《ごうまん》さであり、ひとの死には「解き明かせないほどの要因が幾重にも連なって（皆藤章「出会いを生かし、ともに関を越える」『致知』２０１６年６月号、54〜57頁）」いるのだということだった。

いまのわたしはどうだろう。初老のこのわたしは、死についてどれほどに考えることができているのだろうか。「死について考える」。これは河合隼雄から提示された最後のテーマであるとわたしは受けとめている。

このテーマを、その背中をみながら考えたかった。だがそれを許さずに河合隼雄は、2007年鬼籍に入った。わたしには、宿題が残された。

2　分析のはじまり

担当していたクライエントの死がもたらしたのは、このままではだめだ、という強い思いであった。このまま臨床を続けていくわけにはいかない、そう思った。もしかすると、わたしのこころの深層には、ひとを死へと誘《いざな》う要素があるのかも知れない。もしそうであるなら、わたしは臨床を続けていくべきではない。けれども、そういう要素があったとしても、それを自《じ》家薬籠《かやくろう》中のものにすることができれば、続けていくことができるかも知れない。とにかく、自分のこころの深層に蠢《うごめ》くものを知らなければならない。

あのときは、そんなふうに思い描いていた。いまふり返ると、理屈っぽいと思う。自分でなんとかしなくては、という気持ちが前面に出ていて、死について単純すぎる捉え方をしていた。あの、河合隼雄に一喝されたときですらそうだったのだから、それ以前のわたしはいっそう自我的だったのだと思わされる。自分の力でなんとかしようと思っていたのである。

ここで思い起こされるのは、仏教のいう自然法爾《じねんほうに》である。生きているというのは自然《じねん》すなわちひとは自《おの》ずから然《しか》らしめられて生きているのであって、自分の所作で生きているのではないと教えることばである。このことがわかるには、「どうしても色々と現実の経験をして65歳位を越さないと、なかなか我欲が強くてならないと思います（近藤章久「親鸞と自然」『文化と精神療法／日本人と自然』1988年、山王出版、64〜66頁）」と近藤章久はいう。当時のわたしは20代半ばであるから我欲が強くて当然だったのかも知れない。死に自然《じねん》を思うことなど、及びもつかなかった。

あのときそう考えたわたしは、河合隼雄に会いにいった。これまでも、自分のこころの深層を探求するために夢を書き留めそのイメージに思いを巡らせてきたが、このままひとりで探求し続けるには限界があると考えて、分析について相談したかったからである。

当時、わたしはまだ京都大学に籍を置いていて、河合隼雄は教官だった。そのような関係にあるときには分析に入ることはできない。それはわたしも知っていた。分析というのは、わたし自身がみずからの人生航路の軌跡を語ってふり返り、「わたしとは何者なのか」について分析家とふたりして徹底的に考えていく営みであるから、そこに外的な関係が存在するとその営みにさまざまな問題が生じる危険性を孕《はら》んでしまうのである。いまでいう利益相反が生じかねないのである。

あらたまったわたしに河合隼雄の姿勢は臨床家のそれだった。じっと耳を傾けわたしの話をひととおり聴いた河合隼雄は、まず自分は引き受けられないと釘を刺した。そのうえで、5人の分析家の名前を挙げて、あとは自分が決めるようにといった。その5人のなかに、目標とする先輩（第7章参照）がおりにふれて話してくれたひとがいた。わたしは迷うことなくその分析家と連絡をとることにした。初老の女性で、かつて河合隼雄の分析を受けてきた経験があった。

わたしは、夢を書き留めるきっかけとなった〈河合隼雄とふたつの石〉をもって分析家のオフィスへと向かった。河合隼雄に出会ってから8年目のことであった（以降、「分析家」とは、この初老の女性のことをいう）。

3　関係ということ

分析家を得てこころの深層を探求するのは、ひとりして夢と向き合うこれまでとはまったくといっていいほど、ちがっていた。まず、夢を聴いてくれるひとがいる。それもただ聴いてくれるわけではなかった。

人間というのは、結局のところ自分自身でその人生を切り開いていかなければならないのであって、誰かがいうままに生きていけば良いわけではない。道筋を指し示してくれるひとがいたとしても、その道を歩いて行くのは自分自身でしかないのである。そしてしかも、その道が正しいかどうかなど、指し示す当人にもわからないのである。

「少なくとも共に歩もうとの姿勢を崩さない（河合隼雄『ユング心理学入門』1967年、培風館）」と河合隼雄はいう。ふたりしてこころの深層を探求するとき、この「共に歩もうとの姿勢」とは、分析家がその歩みを先導することではない。分析家もたしかに探求者のひとりではある。しかし、足を上げるその一歩は、当人の人生なのだから当人からでしかあり得ないのだ。

だから、当人が一歩を踏み出すまで、分析家は待たなければならない。踏み出したその一歩を受けて分析家もまた一歩を踏み出すのである。

そうすると、分析家はその歩みをみながらついていけば良いのかというと、そうではない。これは最初の分析家から学んだことのひとつなのだが、分析家は、ふたりのあいだにおかれた夢から、夢をみた当人のこころの深層を、当人の歩みよりもほんの少し先んじてイメージしているのだという。まさに「まだたたぬ　波の音をば　湛えたる　水にあるよと　こころして聞け」（第8章参照）である。そのように夢を聴いているのだというのである。おそらくは、河合隼雄から体験的に学んだことであったのだろう。

分析家から学んだこの感覚をわたしは、夢を中心にして心理相談（こころの臨床）を行っていくときに、そして自分が分析家になって分析を担当したときに、自身の姿勢を何度もくり返し確認して、身に染み着くようにしていった。

たとえば、分析のある日、このようにして夢を聴いてくれる分析家がわたしを待っていてくれるという感覚は、わたしの現実に安定感を与えていった。分析はこころの深層を探求する営みではあるが、現実にも確実に影響を与えていく。すでに記してきたように、ひとりしての探求のとき、わたしの現実はとても不安定なものだった。けれどもいまや、分析家を得て、わたしの現実はこれまでとは異なる世界を体験するものとなっていった。その当時はたしかにはわかっていなかったのだが、いま思うと、この時期からの分析と現実の体験は、わたしの生存理由を探求するものであったといえるのではないだろうか。

4　分析の実際

はじめて出会ったとき、話をひととおり聴いたわたしの分析家は、「まず入門するつもりで、体験するつもりで」と口を開いた。これからのふたりしての道は、わたしにとって分析の世界に参入するイニシエーションの体験であると伝えてきたのである。それから、こんなコメントがあった。

大学2年間で学んだ自然科学的な考え方（第3章参照）は、あなたの武器になります。〇〇さん（わたしが目標としていた先輩のこと。この先輩にも工学部で学んだ経験があった）があなたのモデルになります。いいお手本がありますね。

科学は自分の依代《よりしろ》にはならないとしてこころの臨床の世界にやってきたわたしにとって、このコメントには不思議な響きがあった。しかし、これはいまになって思うことであるが、大学2年間にかぎらず青年期のある時期までわたしを支えた科学的な思考法は、わたしが臨床の道を歩き続けるために役立っていたのである。それがなければ、とうにこの道を外れていただろう。これは河合隼雄が文化系の学問を学んでこころの世界の探求をしようとするひとたちに向けて語ったことばである。

熟練したカウンセラーが成功した例を見ても、そのような「名人芸」によるものは科学的でないと考え、その「名人芸」を訓練を通じて盗みとろうとする努力を払わないのである。……中略……物理学や化学の理論体系が、「名人芸」とでも呼びたいような科学者達の技術によって基礎づけられてきていることを忘れてはならない。

（河合隼雄「現象学的接近法再考――面接の実際との関連において」『調研紀要』第20号、2～11頁、1971年）

わたしが目標としていた先輩にも、「名人芸」とでも呼びたいような臨床家としての姿勢があった。

大学院に入学して最初のケースカンファレンスは、その先輩の事例発表だった。生と死のあわいを生きるクライエントとその先輩とのかかわり合いのある回、クライエントは自死をほのめかして帰って行く。先輩はかかわり合いをふり返り思いを巡らせたそうだ。そして、「死なない」と確信したという。

討論の段になって、ある精神科医が「なぜ、そんな確信がもてたのか?」と、起こったことの不思議に戸惑うように尋ねてきた。するとその先輩は、いともあっさりと「さあ」と返したのである。その右隣で河合隼雄が笑っていた。

きっとその精神科医は、確信に至ったからくりを知りたかったのだろう。それを知って自身の診療に活かしたかったのだろう。だが、この「なぜ……」の問いに答えはない。答えを知って真似のできるもの、つまり方法として身につけられるものではないからである。

そのときわたしは、その「名人芸」を身につけたいと思った。けれども、どうしていいのかがわからなかった。そしてわたしがとったのは、この先輩のことばのその意を真剣に考えることと、そしてこの先輩からとにかくたくさん話を聴くということだった。そしてその姿勢は、いまにして思うのだが、科学者が真理を探究すべく対象に向き合う姿勢と近似している。わたしは「名人芸」という真理を探究しようとしたのだった。

わたしの分析家はこの先輩がいいお手本になるといった。そのことばは、わたしが学んだ自然科学的な考え方をもって、その「名人芸」を身につけるようにと伝えていたのである。

ところで、オフィスを辞するとき、分析家は「初対面なのにこんなことをいうのは失礼だと思うのですけれど……」と口を開いた。しかし、それからなにを話したのかがまったく記憶にも記録にも残っていない。そのときわたしが分析家にどう映ったのか、それはいまもって謎である。

さて、分析家との実際場面をすこし記しておきたい。そこに臨床家としてのわたしの原型があるからである。

週に1回の分析では、そのあいだにみた夢を書き留め、それを持参する。わたしは毎回、とてもたくさんの夢をもっていった。

手許にある当時のノートを繰ってみると、ものすごい数量の夢であったことがわかる。

これは分析が終わるころに聴いたことだが、分析家がいうには、心理臨床学の知識がまったくないひとを分析すると夢はとてもわかりやすく展開していくらしい。わたしの場合は、すでにひとりで夢についてそうとうに考えているので、ずいぶんこころが耕されているのだそうだ。だから、夢は幾筋もの脈絡からやってきていて、展開もまた複雑になっているということだった。

「それじゃあ、ひととおり読んでください」との声で始まる。読んでいると、「あーっ」とか「ふんふん」とかいう相槌《あいづち》が聞こえてくる。聴いてもらっていると感じる。

読み終えると、「最初の夢ですが、どう思われますか?」と尋ねられる。それでわたしは、事前に考えてきたことを話したり、その場で読んでいて感じたりしたことを話していく。それを受けて分析家がコメントしていく。

おおよそこれが実際である。現実から完全に離れてひたすら夢に没頭していく濃厚なときの体験だった。わたしのこころの深層に潜っていく感覚はいまでも鮮やかである。

さて、〈河合隼雄とふたつの石〉は、何度も取りあげられたのであるが、分析が始まってすぐのころ、こんなコメントがあった。わたしがある夢から〈河合隼雄とふたつの石〉を連想して、そのことを口にしたところ、分析家はこういったのである。

それはとてもすごい夢ですね。石というのがまたすごい。そういえば河合隼雄先生は最近、石にとても関心をもっておられますよ。

分析家はそれ以上なにも口にしないので、そのことばを反芻《はんすう》して、なにをわたしに伝えようとしているのかを沈思黙考する。このスタイルは、わたしが目標とする先輩（第7章参照）から学んだことのひとつである。そして次の回、「石」について調べてきたことを話してみる。また、そのあいだのわたしの姿勢は当然ながら夢にも反映される可能性がある。そのあいだにみた夢は〈河合隼雄とふたつの石〉となんらかのかかわりがあるかも知れないのである。そうすると、そのあいだにみた夢の検討は、石とはまたちがうこころの鉱脈を掘ることにつながっていく。

このようにして、分析家との夢の検討、こころの深層を探求する営みが積み重ねられていった。それは、河合隼雄に分析が引き継がれるという流れを生んでいったのである。

5　新たなる旅立ち

分析が始まってから1年10か月あまりが経つころ、〈河合隼雄とふたつの石〉はこころの深層の、あるテーマに収斂《しゅうれん》していったことを分析家とふたりで確認した。それが正しいのかどうかが問題なのではない。それが分析家とふたりして歩んだ道なのである。

分析の引き継ぎを話し合っていたとき、それは分析が終わる1回前だったのだが、「暑くないですか、ちょっとハンカチとってきます」といい残して、分析家が部屋をあとにしたのである。あとにも先にも、分析家が部屋から出たのはこのときがはじめてだった。そして、20分以上も戻ってこない。

まさかこんなことが起こるとは思ってもみなかった。どうしてよいのかわからなかった。となりの部屋で倒れていたらどうしよう。このまま待っていていいものだろうか。探しに行った方がよいのだろうか。途方に暮れるとはまったくこのことだった。

ユング（分析）心理学では分析空間を錬金術の釜にたとえることがある。なにものもけっしてそのなかには入ってこない空間で、こころの化学変化が起こるときを待つのである。実際のこころの臨床も分析も同じことで、その最中に誰かが部屋に入ってくることもなければ、よほどのこと（緊急事態）がないかぎり、基本的にはその部屋にいるどちらかが部屋から出ることはない。そのよほどのことが、このとき起こったのである。あのときは途方に暮れてなにも考えられなかったのだが、いま思うと、錬金術の釜の蓋《ふた》が開いたのではないだろうか。それは文字どおり、この分析の終わりを告げる事態だったのではないだろうか。

戻ってきた分析家は、「急に汗が噴き出して、……すいません、もう大丈夫です」といった。そしてわたしにこう告げた。

これ以上はわたしにはできません。あなたのテーマに向き合えるのは、河合隼雄先生しかいません。河合隼雄先生に引き継ぐのははじめてのことですので、手紙を出しておきました。もうはっきりとあなたが分析を受けたいと思っている旨を書きました。それと、分析の入門編、手ほどきは終わっていることも。

わたしは、かつての指導教官である河合隼雄に分析を受けることは関係上、できないと思うというと、あの夢〈〈河合隼雄とふたつの石〉〉をもっていきなさい。かならず引き受けてくれます。

それはまるで、予言のようなことばだった。

翌日、河合隼雄に電話を入れ、その夜、自宅へと向かった。〈河合隼雄とふたつの石〉を見た河合隼雄は、すこしおいて、こういった。

あんたはそれで、ぼくに分析を受ける気、ありますか？

こうして、10年あまりに亘《わた》る、河合隼雄とのふたりしてのこころの深層を探求する旅が始まった。

その旅は、次の夢〈死を生きる〉でひとまずの終わりを迎え、河合隼雄の死後は、こころの対話がいまも続いている。

〈死を生きる〉

検査を受けると不治の病いであることがわかる。こんなに健康なのにと思う。主治医は不治の病い

をわたしに宣告し、看護師に心停止させるように指示する。看護師は「睡眠薬で眠らせて心停止の注射を打とうか」などと話している。わたしは、「不治の病いならば、創造的に死ぬプロセスを生きる」と宣言する。

エピローグ

ひとは、この世に生を受け人生という航海に出る。旅の途中には疾風怒涛《しっぷうどとう》のときや順風満帆《じゅんぷうまんぱん》のとき、凪《なぎ》の日に空を見上げ物思いに耽《ふけ》るとき、寄港して錨《いかり》を下ろし休息を味わうときなど、さまざまな時期がある。

人生を航路にたとえたのはアメリカの画家トマス・コールだが、コールは人生の4つの時期を幼年期、青年期、壮年期、老年期にわけて、宗教的な救済をテーマに、それぞれの時期を絵画に表現した。19世紀半ばのことである。本書では、わたしの人生を「揺籃」「出立」「邂逅」「探求」にわけて、このわたしというひとりの人間の旅を描き出したものである。ただ、かならずしも時系列に沿って描いたわけではない。ある時期を描きながらもその筆をもつ手はつねに臨床家としてのいまにあった。いまのわたしの視角から当時のことがどのように映るのかを、描き出そうとしてきた。それはさながら、夜空を眺めて、わたしの人生という星座（コンステレーション）を発見しようとするような試みであった。

こころの探求には、エランベルジェの仕事にあるように（『無意識の発見』（上・下）弘文堂）悠久の歴史がある。それに比べれば、本書で描いたわたしというひとりの人間のこころの星座は、いわば一片の塵《ちり》に過ぎない。けれども、一塵法界《いちじんほうかい》ということばがあるように、その塵のなかにも宇宙全体が備わっていると考えてみることもできるであろう。「こころの宇宙」とはそのような思いから出たことばである。

与えられた人生をどう生きるか。これはいつの時代にもおおきな関心事であったし、現在《いま》もちろんそうである。ひとは、生を受けたその時代の社会情勢や文化とかかわり合いながら、同時代の人たちとかかわり合いながら、それぞれがたったひとつしかない人生の旅をするのである。

その旅の途上、ひとにいえない経験をすることがある。不安に苛《さいな》まれたり、悩みごとにこころ震わせたり、怒りのあまり我を忘れたり、かなしみに打ちひしがれたり、あるいはまた、誰かを愛したり、家族のなかでほっとする自分をみつけたり、そんな喜怒哀楽を生きるのが人生の旅である。

ひとはそのときどきを、どのように越えていくのであろう。周囲の助言を受けて、背中を押してもらって、一歩先に踏み出そうとすることもあるだろう。立ち止まり、途方に暮れることもあるだろう。ひとそれぞれに人生の歩みがある。畢竟《ひっきょう》、自分の人生は自分で歩いていくしかない。そうなのだが、この人生の旅の途上、ひとり途方に暮れてしまったときに、自分の力では如何《いかん》ともしがたい状況に陥《おちい》ったときに、誰かの、なにかの救いを欲するときがある。そんなときに、そのひとの傍《かたわ》らにいて、その歩みをともにする。そのひとが自分の力で歩いていけるようになるまで、傍らにいて話を聴く。そのひとがひとりで歩けるようになるまで、人生の旅をともに歩もうとする。それが河合隼雄から学んだわたしの臨床である。

わたしは歴史に名を残すような人物でもないし、立志伝中の人物でもない。最近流行の都会生活から離れて山間部で自給自足をして暮らしているわけでもないし、いまの政治や社会に反抗するラディカルな革新者でもない。ましてや、スーパーヒーローでも政府に束縛されないフリーランスでもない。衆目にとっては、いわば無名である。

また、哲学者の鶴見《つるみ》俊輔《しゅんすけ》がいうような、家族にとって有名な「者」であるだけでよいとも思っていない。それなりに大志や野望を抱いていた時期もある。そういうふうにみると、おおくのひとたちがそうであるように、わたしはわたしなりに、それなりにここまで生きてきたのだと思う。

結局のところ、人生というのは偶然の縁《えん》を生かそうとする営みなのではないかと思う。この世に生まれてきたのも偶然である。その偶然を生かそうとして、ひとはみな生きている。仕方がないから生きているというひともいるかも知れない。それでも、いつか訪れるなにかを待ち望んでいるにちがいない。そのなにかが訪れるのも、訪れないのも、また偶然である。およそ偶然というものを一顧《いっこ》だにしない人生はあり得ない。よしんばあったとしても、それはモノクロームで味わいに欠けたものではないだろうか。そこに喜怒哀楽がないからだ。

まったく、生きるというのは予定調和とはほど遠い。それはまるで、大河に小舟を浮かべて、使い方のままならないオールを動かしているようなものだ。自分で何とかしようと思っても、大いなる流れに逆らえないこともたくさんある。いくらオールの使い方がうまくなっても、結局は、大河の川床《かわどこ》の形状は決まっていて、オールの意向などおかまいなしに、その形状に沿って小舟は運ばれていく。その先にあるのは、死。そう思うと、人生は儚《はかな》いものかも知れない。でも、その儚い人生をどう生きたのか、どう歩いてきたのか、その軌跡を知ることは、いのちの継承という意味でとてもたいせつなことではないだろうか。


いつだったか、「クライエントが書く事例報告があってもいいんじゃないか」と河合隼雄が口にしたことがあった。事例というのはクライエントと臨床家が織り成すものであるから、臨床家だけが事例報告するのでは、ことの半分でしかないというのである。考えてみれば、なるほどたしかにそうである。「それで、ぼくのクライエントに自分の事例を書きませんかと話してみたことがあるんよ。せやけど、クライエントはその当時のことはあんまり覚えてないっていうんよ」。

こころの深層を探求する旅を終えて現実の世界に帰還したひとが、当時のことを覚えていないというのは、もっともなことかも知れない。わたしがお会いしていたクライエントにも同じようなことを尋ねてみたことがある。すると、「あまり、思い出せないんです」ということばが返ってきた。

なんとなく、この河合隼雄のことばがこころに残っていた。書架の一段を埋め尽くす当時の分析ノートを眺めるたびに、それを手にしてみたいとは思うのであるが、そうしてまたあのときに戻るのは辛いと感じて、ためらわれたりもする。そんなことのくり返しだった。けれども、60歳も半ばを過ぎたこのときになってみて、青年期から壮年期にかけて、けっして大げさではなく人生の一大事、こころの深層を探求した時期をあらためてふり返り、自分の人生の物語を紡いでいくことは、臨床家として必要なのではないかと思ったのである。

分析を受けたわたしは、河合隼雄の被分析家（アナリザント）つまりクライエントでもあった。この意味で本書は、クライエントであったわたしの事例報告「河合隼雄に学んだ臨床」でもある。といっても、河合隼雄に分析を受けたその詳細については記していない。それは河合隼雄とわたしの守秘義務でもあるとして、ご寛恕《かんじょ》を請いたい。ただ、分析の場面も含めて河合隼雄と接したときの印象深い記憶は、執筆の折々に思い出されたので、それはむしろ積極的に本書で取りあげてきた。わたしにとっては、河合隼雄に出会ってからのすべてのときが、その学びの体験であったと感じている。

稿を閉じるにあたって、こころの視線をすこし社会の方に向けておきたい。

近代社会における排除について思いを巡らせながら臨床家としてわたしが生きてきた時代は、20世紀から21世紀へという節目の時代を迎えるころであった。

そのころ社会には衝撃的なできごとが相次いで起こり、一時期きわめて不安定な状況を迎えていた。高度経済成長期を終えて安定成長期に入っていたころ、1995年に起こった阪神淡路大震災は、近代社会を崩壊させるほどの大災害をもたらした。高速道路は崩落し高層ビルは倒壊、ライフラインが断たれて日常生活を送ることができなくなったひとは、避難所で不自由な生活を長期間に亘《わた》って強いられることとなった。当事者のみならず映像をとおしておおくのひとが、恒常的に安定していると信じていた世界が一変した体験を味わうこととなった。わたしもその地に足を運び臨床家としてこころの復興に携わることとなった。

また同年、首都東京で地下鉄サリン事件が起こった。映画でしか見ることのなかった防護服に身を包んだ消防隊員の姿をテレビ越しに見たとき、おおくのひとが不穏な空気を吸ったのではないだろうか。自分の生活圏ではそのような事件はない、田舎でよかった、そう胸をなで下ろしたひとであっても、世のなかが不穏な空気に包まれているという感覚はこころに留まり続けたのではないだろうか。

世紀末にあって、安定した日常がすこしずつ不安定になっていっている、そんな感覚がわたしにはあった。いや、光の只中の世界で呼吸してきたわたしにとっては、これまでが安定していたと錯覚していただけなのであろう。安定していて万人が幸福感を感じている社会など存在しないであろう。

世紀が変わってすぐの2001年、アメリカ同時多発テロが発生した。ニューヨーク貿易センタービルに航空機が衝突するシーンは、おおくのひとのこころに世界的規模で何か不穏なことが起こっていると実感させるものであった。その地、グラウンド・ゼロにわたしは二度、足を運んだ。一度目は跡地をどのように活かすのかという議論が行われている渦中のときで、グラウンド・ゼロにはかなしみと喧噪《けんそう》が同居していた。二度目は2018年、ボストンに滞在していたときのことだった。京都大学を早期退職したわたしは、医療人類学の世界的権威であるハーバード大学のアーサー・クラインマン（Arthur Kleinman）教授のもとで研究生活を送っていた。そんなある日のこと、偶然にもYou Tubeでテロ発生直後の生々しいシーンを目にすることになった。同じころ、クラインマンチームのゼミ資料から、the falling manと題する貿易センタービルから飛び降りている男性の映像を目にすることになった。そのことがわたしをふたたびグラウンド・ゼロに向かわせたのである。厳重なセキュリティチェックがあった。排除の感覚がわたしにやってきた。そして、「異」の地から参入しているとの思いが強く去来した。慰霊碑に刻まれた犠牲者の銘に手向《た》けられた花からは、深いかなしみとひととひととの絆の尊さを痛感させられた。

21世紀に入って、2004年に新潟県中越地震、2008年にはリーマンショックによる経済の世界的大混乱が起こり、不安定な社会状況が続いた。そして2011年に東日本大震災が発生した。

その翌年、福島から宮古《みやこ》まで被災地をつぶさに見て回った。わたしのこころの裡にはおのずと阪神淡路大震災の被災地の情景が蘇り、それが目の前の光景と重なり、自然災害という圧倒的な破壊の威力に見舞われたひとのこころがいかにして蘇っていくのか、ひとりの臨床家として考え続けていかなければならないと強く自覚した。

そして2019年の暮れに中国で新型コロナウイルス感染者が報告され、翌年から新型コロナウイルス感染拡大によるパンデミックが訪れた。いまは終息を迎えたかの様相だがまだその余波は続いている。

このようにみると、20世紀末から21世紀にかけての社会の不安定な状況が強く感じられる。もちろん、このあいだにも臓器移植法施行後のはじめての脳死移植の実施（1999年）、BSデジタル放送の開始（2000年）など、医療・科学技術の進歩は続いている。けれども、そうした進歩に輻輳《ふくそう》するかのように、日常生活を脅かすできごとがくらしの身近に起こっていた。

また、インターネットを通じて世界中の情報が机上に集まるグローバルな時代にあって、情報技術の進歩は皮肉なことに世界の悲惨をも身近に伝えることになった。さらにまた、近年は毎年のように台風や洪水など自然災害による被害が相次いで、それも映像をとおして直《じか》に届いてきている。2024年の元日には能登半島地震が発生した。

このように、ひとは安定的に享受していたくらしからの変更を余儀なくされるとともに、つねにこころに不安を抱える時代に入ったように、わたしには感じられる。否、こころの不安は時代を超えて普遍的なありようなのだから、気づいていなかったこころの不安に明瞭に気づくようになったというべきかも知れない。

新型コロナウイルス感染拡大によるコロナ禍にあって、臨床家のわたしの目にはその様相がかつて排除の論理で社会を構築してきた近代と二重写しに映るのである。それはたちまち、このころの臨床実践の場にやって来るひとのこころにはこうした社会の不安定な状況はどのように反映されているのだろうという思いをわたしに抱かせるのである。民俗学者の赤坂憲雄《あかさかのりお》のことばを記しておきたい。

近代とは、それ以前の古い世界を支えてきた人と人のきずな、人と共同体のきずな、人と自然のきずな……などが、なし崩しに壊れていった過渡の時間であり、わたしたちはいま、打ち捨てられてきた前近代という時間が演じる、最期の抵抗の場面に立ち会っているのではないか。近代はただ、それ以前の時間を、古びたもの・否定されるべきもの・非合理なもの……として抑圧し、曖昧に葬り去ろうとしてきただけではないのか。わたしたちの現在を問うことは、日本の近代がきちんと引き受けてこなかった、そうした前近代とは何であったのか、という問いを、いま／ここで引き受けなおすことでもあるはずだ、とわたしはかんがえる。

（赤坂憲雄『新編　排除の現象学』1991年、筑摩書房）

あとがき

平安時代末期から鎌倉時代初期を生きた鴨長明《かものちょうめい》は、晩年、方丈《ほうじょう》の庵《いおり》にくらし、そこから世のなかを見つめて『方丈記』を著した。鴨長明が暮らした京都はその時代、幾多の自然災害に見舞われていた。1177年の安元《あんげん》の大火、1180年の治承《じしょう》の竜巻、1181〜1182年の養和《ようわ》の飢饉《ききん》、1185年の元暦《げんりゃく》の地震などがそうである。

源平の戦いもあった。その戦いは頼朝挙兵の1180年から、一ノ谷の合戦（1184年）、屋島の戦い（1185年）、壇ノ浦の戦い（1185年）と平家の滅亡まで続いた。

このような社会の大変動の時代を生きた鴨長明は晩年、京の郊外に一丈四方（方丈）の狭い庵を結び隠棲《いんせい》して、そこから世の中をみつめ『方丈記』を著し、冒頭にこう記した。

行く河の流れは絶えずして、しかも、もとの水にあらず。淀みに浮かぶうたかたは、かつ消え、かつ結びて、久しくとどまりたる例《ためし》なし。世の中にある、人と栖と、またかくのごとし。

（鴨長明、武田友宏・編『方丈記』角川ソフィア文庫）

無常観として知られている。社会の不安定なその時代の様相は、鴨長明のこうした無常観に大きな影響を与えたであろう。同じく不安定な社会状況にある現代にあって、新型コロナウイルス感染拡大の様相はこころにどのような影響を与えていったのであろうか。自然災害の猛威はこころにどのような跡を残していったのか。ひとりの臨床家として、これからもみつめ続けていきたい。

最後になったが、河合隼雄先生をはじめ、こころの臨床の道をともに歩いてくださったおおくの方々にこころより御礼を申し上げたい。

また、本書の企画をいただいたのは、まだコロナ禍《か》前の2019年のことである。自身のこころに向き合う作業からか、筆が途切れて進まないことがしばしばだった。そんなわたしを諦めずに待っていてくださった柳澤まり子さんと編集の労を執ってくださった小森俊司さんに、深く感謝申し上げます。

2024年　初夏

皆藤　章

これまでにも、本書の内容について他所でふれたことがあるが、ここでは新たな意図で全面改稿が施されている。関心のある向きは以下を参照されたい。

皆藤章『日本の心理臨床4　体験の語りを巡って』2010年、誠信書房
皆藤章「河合隼雄という臨床家」谷川俊太郎・鷲田清一・河合俊雄編『臨床家 河合隼雄』2009年、123～136頁、誠信書房
皆藤章『生きる心理療法と教育―臨床教育学の視座から』1998年、誠信書房
皆藤章「障害の現代的意味とパーソナリティの成長」岡田康伸・藤原勝紀・山下一夫・加藤章・竹内健児著『ベーシック現代心理学5　パーソナリティの心理学』2013年、175～188頁、有斐閣
皆藤章「コロナ禍の心理臨床家が想うこと」京都大学大学院教育学研究科臨床心理学講座臨床実践指導者養成コース紀要『心理臨床スーパーヴィジョン学』2021年、第7号、6～16頁
皆藤章「心理臨床とスーパーヴィジョンの体験」髙橋靖恵・西見奈子編著『心理臨床に生きるスーパーヴィジョン』178～200頁、2024年、日本評論社
皆藤章「出会いを生かし、ともに関を越える」『致知』2016年6月号、54～57頁

〈著者略歴〉

皆藤　章（かいとう・あきら）

1957年、福井県大野市生まれ。京都大学工学部に入学するが、3年次に教育学部に転じ、河合隼雄に出会う。以後、40年以上に亘り、その薫陶を受けるとともに、心理臨床学を専攻し、研究と実践に傾注して現在に至る。これまでに幾多の人びとの相談に応じてきた。大阪市立大学（現・大阪公立大学）助教授、甲南大学助教授を経て、京都大学大学院助教授となり、2008年同教授。2018年に早期退職。ハーバード大学医学部客員教授を経て、現在、奈良県立医科大学特任教授。京都大学名誉教授。博士（文学）。臨床心理士。

それでも生きてゆく意味を求めて
こころの宇宙を旅する

令和六年七月五日第一刷発行

著　者　皆藤　章
発行者　藤尾　秀昭
発行所　致知出版社
〒150-0001　東京都渋谷区神宮前四の二十四の九
TEL（〇三）三七九六―二一一一
印刷・製本　中央精版印刷

落丁・乱丁はお取替え致します。　（検印廃止）

ISBN978-4-8009-1310-4 C0095
ホームページ　https://www.chichi.co.jp
Eメール　books@chichi.co.jp